広島修道大学テキストシリーズ

科学技術の現況といま必要な倫理

宮坂和男［著］

The Ethics
We Need Now
for the Current State
of
Science and Technology

晃洋書房

はしがき

本書は、広島修道大学の人間環境学部で私が担当している講義科目「科学技術と倫理」の教科書として書かれたものである。もとより授業の時間は限られているため、本書に書かれている内容を授業ですべて取りあげることはできない。授業で話す内容がそのまま書かれている部分ももちろん多いが、授業で扱いきれない内容も本書はかなり含んでいる。その点では、本書は副読本的な性格も備えている。多くの部分について、学生諸君が各自で読んで理解するように、私からも求めてゆくであろう。

本書の内容について概略的な説明を与えようと思えば、「人間環境学部」という学部がつくられた事情にも触れなければならない。当学部は今日の環境問題について考えるために、二〇〇二年に開設された。大規模な工業化に伴う自然破壊や環境汚染、地球の温暖化、多くの生物種について絶滅が危惧される状況等々、今日の人間の文明は環境に関して実に多くの問題を抱えている。そしてこれらの問題は、科学技術の問題にそのまま重なっているか、少なくともそれに起因しているものである。こうした事情から、環境問題について考える学部の中に、科学技術をめぐる倫理的問題について考える科目も設置されることになった。

本書の構成に見通しを与えながら、内容の概略をここで述べておくことにしたい。序章では、科学技術の進歩によって今日の人類がどのような状況に置かれることになったか、またどのような問題に行き当たっているかを概観する。科学技術の進歩によって生活が便利になり、現代人が豊かな生活を享受できていることは確かであろう。だが、それと同時に、科学技術によって様々な事故や不都合事も生じていることを実感している人は多いはずである。

今日のように、誰もが科学技術と無関係でいることができなくなっている状況の中で、科学技術とどのように関わるのがよいか、計りかねて困惑を感じる人は多いと思われる。たとえば今日、パーソナルコンピュータ等を用いて大量の文書や資料を作成することができるようになっているが、こうしたことによってかえって必要のない仕事が増えたり、業務の手順が不必要なまでに煩雑化しているように思えることもあろう。また、パソコンの具合が悪いと仕事が進まないため、かえって人間のほうがパソコンの機嫌をうかがうような傾向すらあるように見える。人間のほうが機械に仕えるということは、やはり本末転倒した現象であろう。こうした現象に対する違和感は、すでに久しく論議のテーマとなってきたことでもあり、馴染みの人も多いと思われる。

こうしたことに加えて、世紀が変わる頃から、科学者の研究活動のあり様が正常ではなくなっていることを思わせる出来事も生じている。すぐに思い当たられるのは、二〇一四年に起こったSTAP細胞事件である。周知のように、実際には作成に成功していない万能細胞を作成したとして、虚偽の公表を行った事件である。このように科学技術をめぐっては、時代とともに奇矯なことや危惧を感じさせるものが次第に増えている感がある。また科学技術によってかえって災厄が生じているという問題も、克服されそうな様子はなかなか見えず、ときに深刻な惨事を生じさせている。代表的な事例は、二〇一一年の東日本大震災の際に福島第一原子力発電所で発生した巨大事故である。これだけ過酷な事故がいまだに収束していないのが現実である。いまさら言うもでもなく、これは途方もなく深刻な事態にほかならない。

第一章では、このような現況においてどのような倫理・道徳が必要になっているかを論じる。科学技術がこれだけ影響力をもち、社会の隅々にまで効果を浸透させている状況は、人類の歴史の中ではかなり新しいことである。このような状況に対応できるような倫理や道徳がどのようなものであるかについては、まだ十分な論究がなされたとは言い難い。第一章では、このような倫理・道徳を示そうとした代表的な試みとして、ハンス・ヨナスの倫理思想を取りあげる。ヨナスの倫理思想の中核に位置するものは「責任」という概念である。われわれは自分たちが生きる時代のことだけを考えるのではなく、将来の世代の都合も考慮に入れなければならないことを意味するものである。

第二章—第四章の内容は、科学技術の歴史を辿るものになっている。科学技術は人類の歴史の中では非常に新しいものである上に、人間の生活風景を一変させるほどの影響力を発揮したものにほかならない。科学技術の成立がこれほど大きな出来事であったにもかかわらず、われわれの多くはその来歴についてほとんど知らないのが実情であろう。それゆえ本書では、科学技術の歴史の内実を辿ることを試みる。科学技術の歴史については、科学史家たちによってすでに多くの概説書が著されている。教科書である本書では、科学史家たちが記している内容の中で、今日われわれが知っておく必要があると思われる事柄を取りあげる。科学技術史上の出来事には、多くの人は知らないが、今日の人類のあり様を決定したと言ってもよいような重要なものが多い。陰に隠れながら人類の歴史の形成に与ってきた出来事について知るだけでも、非常に意義のあることだと思われる。

第五章—第八章では、これまでの歴史を踏まえた上で、今日の科学技術にまつわる問題について具体的に考えようとする。今日の科学技術が専門性を高めており、科学技術をめぐる状況がますます特殊なものになっている次第が確かめられる。そして、こうした状況のなかで、科学に関して素人であるわれわれが、一体どのようにして科学技術の問題について検討することができるかについて考える。今日われわれ素人にできることとして、本書では、特に「関連事象に関する知識」を手がかりとすることと、「技術デザイン」を変更することについて述べられる。キーワードを挙げるだけでは、何が意味されているのか不明であろうが、具体的な論述は本論に譲ることにしたい。なお科学技術をめぐる問題は今日、挙げきれないほど多様に存在しているため、それらを逐一取りあげれば、紙幅がどこまでも必要になってしまう。本書では思い切ってテーマを絞り、原子力発電（原発）の問題について集中的に考えることにしたい。

ともあれ、科学技術に関して今日われわれがどのような状況下にいるかを確かめることから始めることにしたい。

目次

序章　科学技術をめぐる今日の状況

今日人類が《科学技術の時代》を生きていること、そして多くの人々がそのことを自覚していることに、異議を唱える人は少ないであろう。そして、科学技術がこれほど生活の隅々に浸透し、大きな威力を発揮している状況は、決して古くからあることではなく、人類の歴史の中ではかなり新しい現象である。産業革命がイギリスで始まったのはほんの二五〇年ほど前のことであるし、それが欧米で本格化したのは一九世紀以降のことである。さらにわが日本に欧米の産業技術が移入され始めたのは、ようやく一五〇年ほど前のことになる。一〇〇万年とも二〇〇万年とも言われる人類の歴史の中で、われわれはかなり珍しい時代を生きていることになる。

科学技術に一瞬たりとも関わらないでは生活が成り立たないという、特殊な状況の中で現代人は生きているわけであるが、この状況下で現代人が科学技術と向き合うときの姿勢は、肯定と否定の双方を含んだアンビヴァレントなものになっていると言えよう。

われわれが科学技術にかけている期待は、今日でもかなり大きい。たとえば近年、人工知能やロボットの開発が加速している状況や、それが車両の自動運転システムに応用されようとしていること、また身障者や高齢者の介助に役立てる途が探られていること等が伝えられている。また医療の分野では、再生医療の進歩に大きな期待がかけられており、これまで手の施しようのなかった難病に、いままでとまったく異なる方法で対処してゆけるかもしないという希望が膨らんでいる。

だが他方で、科学技術の進歩を否定的に受けとめる見方も、かなり以前から存在してきた。科学技術によって危険が増えているように見える現象は、枚挙に暇がないほど多い。たとえば、自動車事故でときに人命が失われることは、すでにわれわれに馴染みのものになってしまった。また科学技術にむしろ人間のほうが仕えなければならないような現象も、すでに初期資本主義の時代から見られてきた。当時の工場労働者は、機械を用いた大量生産に従事するために、一日一〇時間以上も働かなければならなかった。今日ときに人間のほうがコンピュータに従わなければならないのに似た状況は、科学技術の確立とともに存在してきたものにほかならない。

そして今日なんといっても大きな懸案として、原発の問題がある。福島の巨大事故によって、大量発電を可能にする装置は、同時にケアのために途方もない手間を必要とすることが明らかになった。不具合が生じると、何万人もの人が自宅を捨てることまでして穴埋めをしなければならなくなる。

もっとも、こうした両面的な受けとめ方は、かなり以前から多くの人々に共有されてきたものであり、別段目新しいものではない。ところが二一世紀になって、科学をめぐって、こうしたこととは別のタイプの問題が目を引くようになった。近ごろ、科学者の研究活動や研究成果をどう見るべきか、また科学の理論や概念をどう受けとめるべきかに関わるような、新たな問題が出現するようになっている。すでに思い当たった人も多いと思われるが、二〇一四年に日本で起こった「STAP細胞事件」で見られた不正研究の問題である。

この事件は遠い昔日のことではなく、その内容は多くの人がまだよく記憶しているところであろう。新しいタイプの万能細胞が非常に簡単に作成可能であるとする研究成果が発表されたが、それが捏造であったことが後に明らかになった事件である。成果を記した研究論文が審査を通過して、イギリスの権威ある科学ジャーナル『ネイチャー』に掲載されることが決定した。そして、それを受けて記者会見が開かれ、成果が華々しく公表された。ところが程なくして、証拠写真が別の実験で撮られた写真の使いまわしであることなどが発覚し、成果が虚偽であることが強く疑われていった。最終的には、代表研究者（小保方晴子）自身によっても実験が再現できないことが確かめられて、研究が虚偽であることが確定した。大騒動となって世間の関心を集めた事件であり、さらに詳述する必要はないであろう。

何とも不可思議なもの、不可解なものを感じさせる事件であった。非常に高名な共同研究者（笹井芳樹）が自責の念に耐えられずに自殺を遂げるということまで起こって、事件には大きな痛ましさが伴ってしまった。このように、この事件には世間話の種となるような話題が山ほどついて回っている。

もっとも、本書でこの事件を取りあげるのは、もちろん世間話をしたいためではない。私がこの事件に関心をもったのは、この事件が現在の科学研究の実態や今日の科学技術のあり様を何らか反映しているように感じられたからである。この事件は明らかな醜聞として、ともすれば笑い話の種になるような感すらあるが、このような取り上げ方にそぐわない重要な問題に関わっている。詳細は本論中であらためて論じることになるが、現在の科学研究のあり方や今日の科学技術をめぐる状況について真剣に考えるためにも、不正研究事件は真摯な検討を必要とするものにほかならない。

このような新しいタイプの問題にも行き当たるようになって、科学技術をめぐる状況は今日ますます混迷の度を増しているように見える。今でも人類は、どのようにして科学技術と適切に関われるかを把握しきっておらず、困惑を深めていると見ることができよう。

こうした混迷や困惑は、解きがたい倫理的問題としても現れていると言うことができる。福島であれほどの事故が生じたにもかかわらず、原子力発電を継続するのが正しいのか、廃止するのが正しいのか、判断を下すのに多くの人が困難を感じている。また、もっと卑近なところでは、私自身、罪悪感を覚えながら、自家用車を利用しない生活を送ることができなくなっている。あらためて考えてみれば、自動車を走らせることは、自分以外の人に対してとてつもなく大きな迷惑をかける行為にほかならない。自動車を走らせれば、有毒ガスとCO_2を大量に排出する上に、大きな騒音をまき散らす。さらに加えて、人に大怪我を負わせることもありえるし、最悪の場合には死なせることさえある。これほど有害な行為が今日公認されているのは、自動車を用いた移動や運搬が非常に便利であるために、ほとんどすべての人が自動車から恩恵を受けているからにほかならない。こうした形勢が確立すると、互いに大きな迷惑をかけ合うことに誰もが納得する状況が生まれてしまう。人に大きな迷惑をかける行為に自分も加担しているのだから、人から同じように迷惑を被っても甘受するべきだと考える人が多くなるからである。

いま今日ならではの独特の「相互性」が成り立っていると言うことができる。第一章であらためて述べることになるが、お互いに迷惑をかけ合わないようにしようというのが「相互性」の本来の形態であり、普遍的な倫理原則として通用してきたものにほかならない。ところが今日、この「相互性」がねじれた仕方で成り立つようになってしまって、逆にお互いに迷惑をかけ合うことが認められるようになっている。科学技術が生活の隅々にまで浸透するようになってから、それまでにはなかった見方が常識として通用するようになって、倫理・道徳の原則がかつてとはかなり異なるものに変質している兆候が見える。

それにしても、互いに迷惑をかけることを認めあうという「相互性」は、考えてみれば何ともねじれた形態の倫理原則であり、非常に変則的なものだと言えよう。そして、このような奇妙な性格の倫理は、一つには、資源の消費について考えるときに問題を尖鋭化させる。今日ほとんどの人々が、内心「誰でもやっていることだ」と思って、石油を好きなだけ燃やして暖をとり、自動車をためらうことなく走らせる生活を享受している。だが、このように遠慮なく燃料を消費し続けることは当然、限りある化石資源の枯渇を確実に早めることになる。石油をはじめとする化石資源が枯渇すれば、人類がこれまでと同じような豊かな生活を享受することができなくなることは、かなり予測されることであろう。破滅的な状況を迎えることすら懸念される。ということは、「相互性」という最も基本的な倫理原則が人類の存続を脅かそうとしているという逆説的な状況が、今日出現していることになる。

人類は二〇世紀後半以降、それ以前には見られなかった特殊な倫理的問題に取り組まなければならなくなっている。それは、そもそも人類が地球上で生存し続けることができるかどうかという問題である。これほど深刻で根本的な問題は、かつては想像されることすらなかったであろう。

この問題には多くの人がかなり前から気づいていたと思われるが、それを初めて本格的に提起したのは、おそらく一九七二年にローマ・クラブがまとめた『成長の限界』というレポートであろう(1)。その内容は、地球上で人類がこれまでと同じように活動を続けると、二一〇〇年よりはるか手前の時点で天然資源が枯渇し、人類の活動や生活は破綻するというものであった。また、こうした事態を回避するべく工夫を重ねても、破局の時期を二一〇〇年よりも先に延ばすことはできないとも述べている。大変に衝撃的な内容からなるレポートである。

「ローマ・クラブ」とは、一九七〇年にスイス法人として設立された民間組織で、世界各国の科学者、経済学者、プランナー、教育者、経営者などから構成されたものである。天然資源の枯渇の恐れ、深刻な環境汚染の進行、発展途上国における人口の爆発的増加といったことにより、地球上での人類の生存は脅かされないのか、また、それを回避する途はないかといったことを真剣に検討するために組織された。ローマで最初の会合を開催したことにちなんで「ローマ・クラブ」と命名された。

同クラブは、右のような問題について考えるために、マサチューセッツ工科大学（ＭＩＴ）の研究グループに研究を委嘱し、その成果をとりまとめた。それが『成長の限界』というレポートである。ＭＩＴの研究グループは、コンピュータ・シミュレーションの技術を駆使した分析によって人類の近未来を予測し、その結果、先ほど述べたような衝撃的な内容の予測に至りついたわけである。

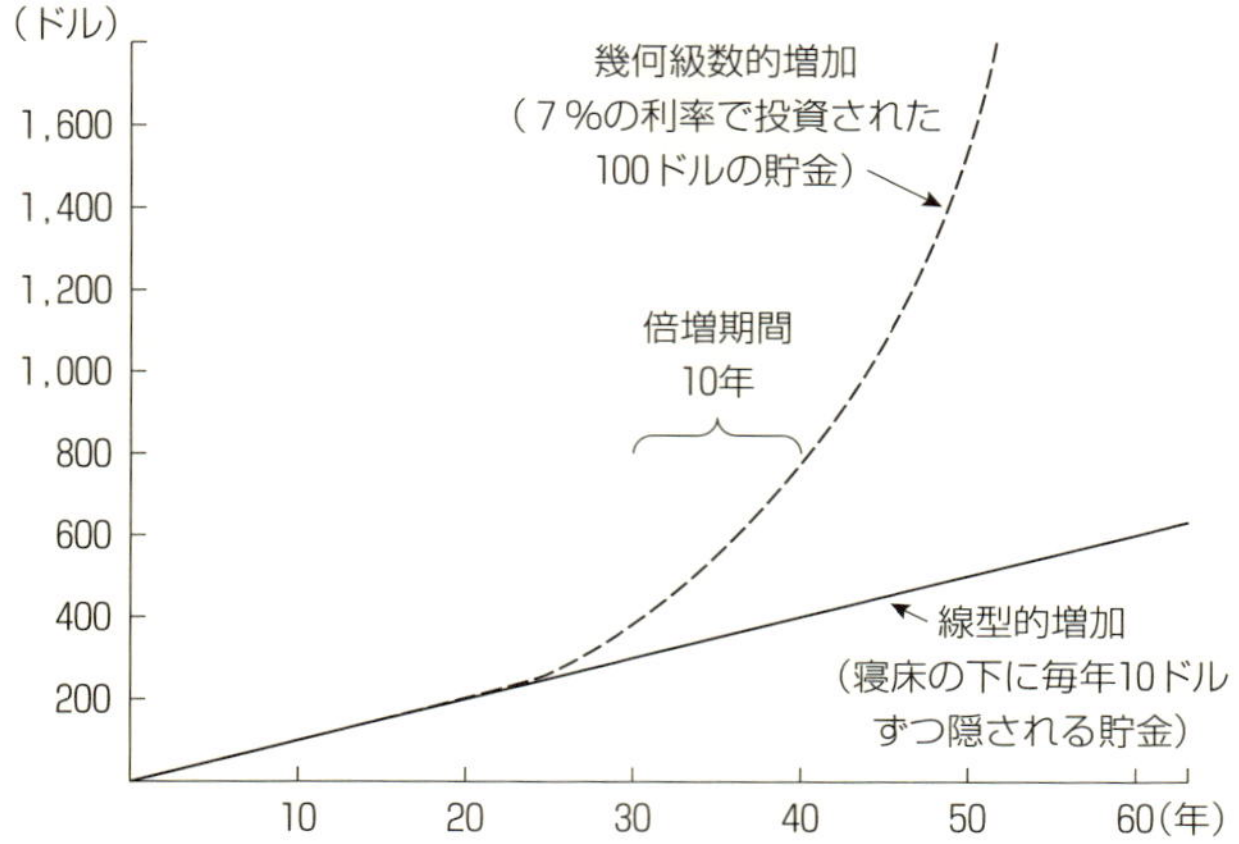

図1　幾何級数的増大

出典：D・H・メドウズ，D・L・メドウズ，J・ランダーズ，W・W・ベアランズ三世（大来佐武郎監訳）『成長の限界――ローマ・クラブ「人類の危機」レポート――』（ダイヤモンド社，1972年），16頁より．

『成長の限界』を読むと、ある事象が繰り返し言及され強調されていることに気がつく。それは「幾何級数的成長」という現象である。これは今日われわれがぜひとも知っておかねばならない事柄だと思われるので、それについてここで幾分か述べておくことにしたい。これは、われわれの多くが思い浮かべるのとは異なる、非常に急激な増大を意味する言葉である。

「成長」や「増大」という現象について考えようとするとき、多くの人は直線的な増加の過程を考えるのではないか。増え方が一定しているような増加である。たとえば、毎年一〇ドル隠し金を増やすという変わった貯蓄行動をとる人がいるとすると、この人の貯金は、グラフに表すと直線的な増え方をしてゆくことになる（**図1**の実線）。

これに対して、多くの人がしているように、銀行などの金融機関に預金する場合を考えてみよう。そして、この場合の金利が年に七パーセントだとしてみよう。この場合の預金額は、グラフにすると**図1**の点線のように曲線を描いて、次第に急増するようになる。一定の割合で増加するような変化においては、直線的な増え方をする場合とはまっ

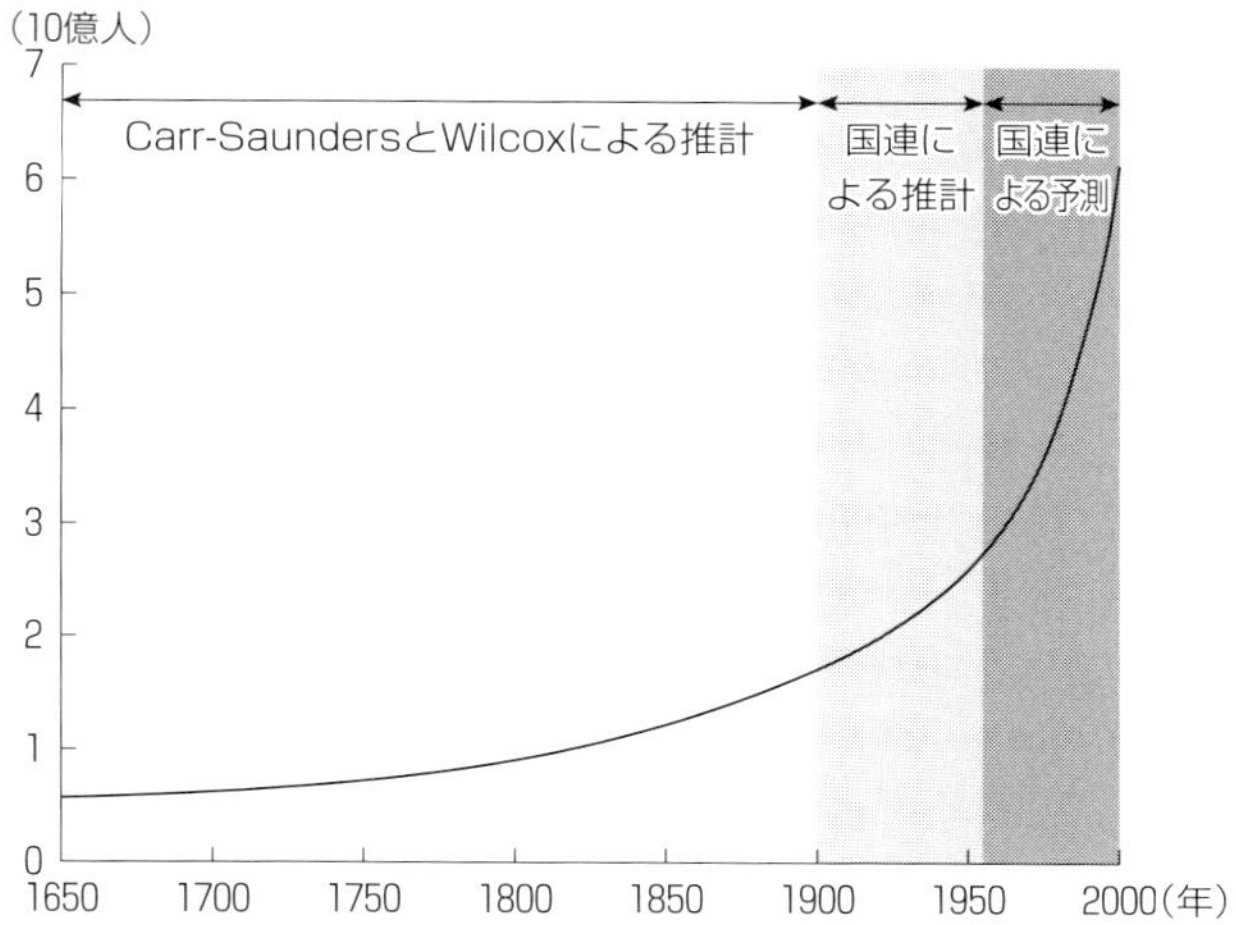

図2　世界人口の増加

出典：D・H・メドウズ，D・L・メドウズ，J・ランダーズ，W・W・ベアランズ三世（大来佐武郎監訳）『成長の限界――ローマ・クラブ「人類の危機」レポート――』（ダイヤモンド社，1972年），21頁より．

たく違って、徐々に勾配が急になって、想像し難いほど急速に増大する過程が生じる。このような増え方をする変化が「幾何級数的成長」と呼ばれるものである。

『成長の限界』によれば、先に見られたような衝撃的な事態が予測されるのは、人口、食糧生産、工業化、汚染、再生不可能な天然資源の消費という五つの要素が幾何級数的に増大しているからだという。[2]「幾何級数的増大」という現象を考慮に入れるとき、人類の近未来に関する予測が悲観的なものにならざるをえないのも頷けるのではないか。これら五つの要素が増大していることはほとんど自明であろうが、増大の仕方が幾何級数的であることを知っている人は少ないであろう。幾何級数的増大のことを知るとき、多くの人は大きな驚きをおぼえると思われる。図2に世界人口のグラフを挙げるが、人口だけでもこうした増え方をしているという事実は大変に衝撃的なものであろう。しかも、図2に示されているのは一九六九年におけるＭＩＴの予想で、現実にはこれを上回るスピードで人口は増え続けている。世界人口がこのような仕方で増え、しかも次第に多くの人々が先進国と同水準の生活を送るようになれば、天然資源があっという間に枯渇に至ることは容易に想像される。事態はきわめて深刻であり、われわれが突き落とされる絶望の闇は限りなく深い。

　ところが、ローマ・クラブの報告から二〇年近くたって、加藤尚武が日本ではじめて環境倫理学の解説書を書いたとき、加藤は意外なことに、このような資源枯渇の問題は「(わざと奇妙な言い方をすれば)なくなってしまった」[3]と述べている。楽観的すぎるようにも見える指摘であるが、加藤は、資源枯渇の心配が消えたと言っているわけではない。この間、資源枯渇の問題よりも先に取り組まれなければならない問題が出現したと加藤は言っているのである。それは地球温暖化の問題である。

　いまさら詳述するまでもなく、「地球温暖化」の問題とは、とりわけ産業革命以降、人間の活動によって地球の大気の温度が上昇しており、この温度上昇が続けば、不都合な事象が様々に湧出することが懸念されるという問題のことである。産業革命以降、石炭や石油を燃焼させる規模が爆発的に増大して大気中の熱量が増えた上に、同時に発生する二酸化炭素(CO_2)によって地球の温度が下がりにくくなったと考えられている。CO_2をはじめとする炭酸ガスは「温室効果ガス」とも呼ばれて、空気中に熱をとどめる働きをするため、大気中でこうしたガスが大きな割合を占めると、本来宇宙に向かって逃げてゆくはずの熱が地球にとどまって地球を暖めてしまう。

　地球の温暖化が進むとどのような問題が生じるかについても、予測はすでに広く共有されているため、多くを縷説する必要はないであろう。北極と南極の氷が溶けて水に変わるため、海水が増えて海水面が上昇する恐れがある。南太平洋にあるツバルのような小さな島国が、すでに消滅の危機に瀕している。また、世界の主要都市が存在する平野部の多くが海の底に沈んでしまい、人間の活動圏域が大きく失われる恐れもある。

　寒冷地でしか生きられない自然種が失われる恐れも非常に大きい。ホッキョクグマはすでに絶滅危惧種に指定されている。目に見えてわかるだけでもこれほど大きな影響が出ているとなれば、寒冷地では、人間の目にとまらない生物種がすでに多く死に絶えているという推測も成り立つであろう。

また気温が上がりすぎると、砂漠化が進んで多くの農地が失われ、食料の生産が打撃を被る恐れがある。さらに、気温の上昇が異常気象を増やしていることも推測されている。熱帯地方の温度が上がって大型の台風やハリケーン等の発生が増えれば、災害に見舞われる機会も多くなるであろう。実際に二一世紀の日本では、大量降雨による水害や土砂災害の発生が次第に頻度を増しているが、これも温暖化に起因しているという説が有力である。

また、あまり知られていないことだと思われるが、温暖化が進むと、シベリアの地下に堆積しているメタンハイドレートが溶解することが懸念されている。「メタンハイドレート」とは、メタンガスと水が化合して氷状になり、地下の地層中に堆積しているものである。日本の近海にも大量に存在し、そこから採取されるメタンガスは今後燃料として広く利用されてゆくことが予想されている（採掘される見込みもすでに立っている）。この日本人に馴染みのものが、シベリアの地下にも大量に堆積しているわけである。

シベリアは、温暖化によって温度が最も上がると言われている地域の一つである。地球の温暖化が進めば、シベリアの地下のメタンハイドレートが溶解して大量のメタンガスが大気中に放出すると考えられる。ところが、メタンガスはCO_2と並ぶ温室効果ガスの双璧にほかならない。したがって、地球の温暖化が進んで大気中のメタンガスが増えれば、それによって温暖化はいよいよ促進され、温暖化の進行はついに加速度的なものになってしまう。先にわれわれは、世界人口や天然資源の消費が幾何級数的に増加している次第を見たが、地球温暖化に関しても同様のことが指摘されうるのである[4]。

言うまでもなく、これは大変に深刻な事態にほかならない。温暖化がさらに温暖化を呼ぶことは、あまり知られていないであろう。温暖化の進行は漸進的なものではなく加速度的ないしは幾何級数的なものであり、事態はわれわれが思っているよりもはるかに早く、はるかに深刻なところに至る可能性がある。われわれは今日たしかに温暖化に対して大きな警戒心をもっているが、それはまだ十分なものとは言えないであろう。

また、仮にこうした温暖化の問題が解決したとしても、資源の枯渇等によって人類の生活が破綻する恐れがなくなるわけではない。人類が地球温暖化の問題を乗り切ることに仮に成功したとしても、二一〇〇年よりもはるかに以前に石油が枯渇してしまうという問題は残り続けることになる。地球温暖化にしても資源枯渇にしても、人類がこれまで出会ったことのない、非常に特殊で深刻な問題だと言わねばならない。もちろん人類はこれまで無数の問題にぶつかってきたが、人類の破滅が危惧されたことはなかった。世界大戦の最中にあっても、すべての国が共倒れになって地球上に人間が存在しなくなることを想像する人などいなかったであろう。

ところが、見られてきたように、科学技術の進歩とそれに起因する工業化の進展は、この不問の前提を揺るがすまでに至っている。このような新たな問題は、どのように取り組まれるべきだろうか。もちろん、必要な対策を国際的に一致団結して実施する以外にない。地球温暖化の問題に取り組むという課題が最も優先されるならば、CO_2削減のための有効な方策を見出して、それを全世界的に実行しなければならない。当然のことながら大気に国境があるわけはなく、CO_2の削減という課題は、一国だけで取り組んでも意味をなさない。全世界で一致して事に当たろうとすれば、国際的な協議を繰り返してたえず合意を確認しなければならない。ときにはいずれかの国の政府が強い牽引力を発揮することも必要となろう。その意味では、今日の科学技術をめぐる問題に対処しようとすれば、話は最終的には政治的な水準の論議に行き着くことになろう。

だが、本書は政治について考えようとするものではない。われわれが今日行き当たっている問題に取り組むためには、政治よりも以前に考えなければならないことがあるとわれわれは考えるからである。それは、すでに言及してきたように、倫理・道徳の問題にほかならない。人類が滅亡する恐れがあることを視野に入れ、それを回避する道を本気で探るような倫理・道徳が今日必要になっている。

われわれにまず必要なことは、先にも述べたように、相互性がねじれた仕方で通用してしまうと、後の世代の人々にしわ寄せが行ってしまうことを知ることであろう。そして次に、そうならないためにはどのような倫理原則が新たに要請されるかを考えなければならない。それはもちろん、時代を同じくする人だけでなく、後の時代の人々、まだ存在していない人々をも考慮に入れるものでなければならない。

こうした問題について考えようと思えば、参照しないわけにはいかない倫理学者の主張がある。それはハンス・ヨナスの主張である。ヨナスは、まさにわれわれが見てきた問題について検討し、今日人類が迎えている特殊な時代状況において必要な倫理原則を示そうとした人である。本書では、最初の章でこのヨナスの主張の内容を見ることから始めることにしたい。

注

（1）D・H・メドウズ、D・L・メドウズ、J・ランダーズ、W・W・ベアランズ三世（大来佐武郎監訳）『成長の限界――ローマ・クラブ「人類の危機」レポート――』（ダイヤモンド社、一九七二年）。

（2）同右、一三頁。

（3）加藤尚武『環境倫理学のすすめ』（丸善ライブラリー、一九九一年）、iii頁。

（4）本段落の内容は、次の書で述べられていることに依拠している。小宮山宏『低炭素社会』（幻冬舎新書、二〇一〇年）、二四―五頁。

第一章　科学技術の時代の倫理

——ハンス・ヨナスの「責任」の原理——

第一節　道徳の最根底の原理としての「相互性」

ヨナスは一九七九年に『責任という原理』という書物を著しており、それには「科学技術文明（technologische Zivilisation）のための倫理学の試み」という副題が与えられている。同書は、まさにわれわれが課題としている問題について考察したものにほかならない。すなわち、科学技術の大規模な発達によって生じている、今日に固有の倫理的問題について検討することが、同書の課題であった。原書で四〇〇頁を超える浩瀚《こうかん》な書物であり、同じ論点を反復して示す構成をとっているため、同書の内容を知るためには、まず要点を整理して押さえることが有効である。本章では、ヨナスが繰り返し主張していることで重要と思われる内容を、私なりに整理をつけて示すことを試みたい。はじめに取りあげたいのは、先にも触れた《相互性》という原理に関することである。

先ほどわれわれは、政治的な論議のテーマと違って、倫理・道徳の問題は身近なところに存在すると述べた。ここでも卑近な事柄を手がかりにして考えてみたい。「禁煙」という表示がある場所で若者が喫煙しようとしている場合を考えてみよう。私が経験してきたところでは、このような行動をあえてとろうとする若者は多い。こうした若者に注意をすれば、おそらく次のような反論が返ってくると思われる。すなわち、「どこで喫煙しようが勝手なはずだ」、「喫煙を禁じているのは自分があずかり知らぬ誰かだ。見知らぬ誰かに一方的に自由を制限されるのは納得できない」といった反論である。また、煙草を吸わないほうがいかに合理的であるかを力説し、喫煙の習慣をやめさせようとしても、多くの若者は次のように言って反発するであろう。「自分の勝手だ」と。世に見られる様々な矛盾に反発し、善悪の基準を無効なものと見なそうとするこうした心性は、いつの時代にあっても多くの若者が共通して持っているものではないだろうか。

ただその一方で、私が経験してきたところでは、多くの若者が納得する理屈が一つだけある。それは「人の迷惑になることをするな」というものである。副流煙が非常に有害であること、そのため、自分が煙草を吸うことで人が大きな迷惑を被るかもしれないことを知れば、若者の多くは禁煙の命令に納得して従うと思われる。

このような若者の言い分が行きつくところは、「他人に迷惑をかけなければ、何をしようが自分の勝手だ」という理屈であろう。この言い分は決して青臭いものではない。それは、J・S・ミルが『自由論』の中で定式化した近代的な自由の理念と合致するものであり、正当なものだと言えるからである。「われわれのすることが仲間たちに害を与えない限りは、彼らから妨害されることなく、その結果は自分で引き受けて、自分のしたいことをするという自由を、われわれは要求する」(1)というミルの言葉は、若者たちの理屈とまったく一致している。他人に迷惑をかけなければ、煙草を吸うのは自分の自由であり、喫煙によっていかなる不利益を被っても、それは自分が引き受ければよいことだ、というわけである。

このような考え方を、倫理学の用語では「他者危害(排除)の原則」と言う。そして、この原則のさらに根底にあると言えるのが「相互性(reciprocity)」と呼ばれる原理である。この原理は、他人を自分と等しい権利をもつ存在として認め、自分と他人とが置き換わっても成り立つような行為をすることが、道徳的に正しい振る舞いだとする原則のことである。「自分がされたら嫌だと思うことを人にもするな」とか「人からされたら嬉しいことを人にもしてあげろ」といった形をとる。人類最古の法律書であるハムラビ法典には、周知のように「目には目を、歯には歯を」という条文が現れる。系譜的に見ても、《相互性》は倫理の最も根本的な原理だと言うことができる。若者の理屈は決して暴論ではなく、倫理の根源に触れるものにほかならないのである。

ヨナスは、このような《相互性》の原理に基づく道徳論の典型として、カントの倫理学を念頭に置いている。カントの定言命法の法式では、「汝の意志の格率がつねに同時に普遍的立法の原理として妥当することができるように行為せよ」と言われる。ここでカントの考えを必要な限りで瞥見しておくことにしよう。

法式の中に記されている「格率（Maxime）」とは、個人専用の規則のことである。「朝は早く起きる」、「一〇分前には集合場所に来る」、「風呂には毎日入る」等々、無意識的なものも含めて、一人一人が個人的に設定している規則は非常に多様に存在するであろう。カントは道徳の真の規則を明らかにしようとして、このように個人レベルで成り立っている規則から出発する探究を行った。そして、いつでもどこでも誰もが従ったときに矛盾が出ない格率、したがって普遍的な法則の資格をもちえる格率が真の道徳の規則（定言命法、道徳法則）であると考えた。すべての人が等しく従わなければならない規則を明らかにするという仕方で、《相互性》に基づく道徳を確立しようとしたわけである。

たとえば「嘘をつく」という格率が定言命法（道徳法則）として成り立ちえるかどうか、考えてみよう。結論から言えば、これが定言命法の資格をもちえないことは明らかである。もしこの格率が普遍的法則となって、いつでもどこでも誰の言うことも嘘であるということになれば、馬鹿馬鹿しさのあまり誰も話をしようとしなくなるであろう。だが、誰も話をしないということになれば、「嘘をつく」という行為も成り立たなくなってしまう。したがって「嘘をつく」という格率は、普遍的に適用されるべき規則にはなりえないものである。このように、仮に普遍的法則になれば矛盾をきたしてしまうような格率には、正しい道徳の規則（定言命法、道徳法則）の資格は認められない。

逆に「嘘をつかない」という格率を例にとって考えてみよう。この格率が普遍性をもてば、「私は嘘をつかない」、「あなたも嘘をつかない」、「誰も嘘をつかない」、「いつでもどこでも誰もが本当のことを言う」ということが帰結して、矛盾は生じない。それゆえ「嘘をつかない」という格率には、道徳の真正な規則としての資格が認められる。

カントが示したこのような思考操作は「普遍化」と呼ばれることがある。この「普遍化」の手続きは、《相互性》が成り立つかどうかを確かめるための洗練された操作概念であり、論理的な性格のものだと言うことができる。カントは「普遍化」の手続きを考え出すことによって、論理性に基づいた倫理学の構築に成功したと言うことができよう。

すると問題は、「普遍化」の手続きがどのような範囲の人々に適用されるか、ということである。言い換えれば、《相互性》の原理はどのような範囲において有効であるか、ということである。なおあらかじめ言うことにすれば、今日の人類はこの原理が及ぶ範囲に収まらないような問題と向き合わねばならなくなっているということが、ヨナスが主張しようとしていることである。

第二節　「相互性」の射程と「責任」の原理

《相互性》がどのような範囲にまで及びうるのか、考えることにしたい。まず、それがどのような場面において要請されるのか、考えてみよう。

それは、何といっても他者の存在を意識したときであろう。突きつめれば、他者を眼前に見るときである。顔をもった他者が感情を表すのに接するとき、普通われわれは、他者も自分と同様に快・不快を感じ、ものを思う存在であることに気づかされるのではないか。目の前にいる他者が自分と同様の存在であることに気づいたとき、われわれは自分のことだけを考えるのではなく、他者のことも同様に尊重しなければならないと考え始めるであろう。自分が煙草を吸ったとき、近くにいる人が煙にむせんで顔をしかめれば、多くの若者は、煙草を吸う場所を選ばなければならないことに気づくであろう。このとき若者は、眼前にいる他者に自分を置き入れながら、自分の行為を反省し始めている。

そして、このような個別的なケースをきっかけとして人は、他者が居合わせない場合でも、他者が迷惑に感じることはすべて控えようと考えるようになるのではないか。このようにして、人は次第に範囲を拡げて他者のことを考慮に入れるようになり、そこに自分の立場や思考、感情等を移入してゆくことになる。他者を眼前に見るという原初的場面を出発点として、《相互性》は次第にその射程を広げてゆくのである。

ここで考えねばならないのは、こうした《相互性》の射程が、実際のところどの範囲にまで及ぶのか、ということである。会う機会や知り合う機会のないような他者にも、われわれは自分を移入することができるだろうか。

先ほど述べたように、われわれは目の前にいる他者に無理なく共感することができるし、また、身内を含めた直接の知人に対しては、自分に対するのと同じように配慮を払うことができるであろう。だが、それ以外の他者に対してはどうであろうか。勤め先の同僚や近所の住人を、自分と同じように配慮の対象とすることはできるだろうか。大手の会社に勤務している場合には見知らぬ同僚も当然多いし、昨今では、隣りの住人の顔を知らないことは珍しくない。この場合にも、個人差はあるものの、こうした人たちに配慮することは十分可能であろう。町内のゴミ収集場に指定日以外にゴミを置いてはならないと、多くの人は考えている。

問題は、さらにそれを越えたところにいる人々である。われわれは馴染みのない地域の住人と同じ立場に立って物事を考えることはできるだろうか。できるとしても、どの程度であろうか。また諸外国の人々に関してどうであろうか。特に地球の裏側に住む人々に対しては。さらにまた――これが最も重要な問題であるが――、まだ生まれていない子孫のことを、わが身に当てはめて考えることは可能だろうか。

ヨナスによれば、カントの倫理学の枠組みではこのことは不可能であるという。ヨナスの理解では、カントの倫理学はもっぱら時代を共有する個人間の事象に関わるものであり、先立つ人間の行為が後の世代の人々に及ぼす影響のことを視野に入れていないという(2)。だがヨナスによれば、同時代の個人間で矛盾をきたさないように行為をした結果、人類が生存できなくなることもありえるという(3)。実際に今日、どの人も等しい権利をもって化石燃料を利用することができ、同じ時代を生きる個々人の間では、このことで矛盾や葛藤が生じることはない。だが言うまでもなく、どの人も好きなだけ化石燃料を消費すればするほど、資源枯渇の危機や地球温暖化の問題は切迫したものとなる。にもかかわらず、カントの倫理学の枠組みにおいては、どの人も好きなだけ化石燃料を消費して道徳的に問題はないということになってしまうのである。

だが、将来の世代の人々に一方的に迷惑をかけることを許すような倫理を、正しいものとして認めることはやはりできないであろう。われわれは今日、こうした問題にも対処できるような道徳の原理について考えなければならなくなっている。

陳腐な常套句ではなく、今たしかに新しい倫理が必要となっているのである。いまや、個人のささいな行為が地球上の見知らぬ誰かや、数百年先の世代の人々に対して確実な影響を及ぼす時代を迎えている。私が車を運転しているとき、また何気なく暖を取っているとき、私は大気を汚染しCO_2を増やすことによって、多くの人々に確実に害悪をもたらしている。また、天然資源の枯渇に間違いなく加担することによって、子孫の便益を着実に損ねている。だが、こうした問題に取り組むためには、《相互性》とは異なる倫理原則が必要となる。《相互性》とは異なる原理がなければ、まだ存在していない人々の都合にまで考えを至らせることはできない。われわれは、この新たな道徳の原理がどのようなものであるかを考えなければならない。

《相互性》の原理では応じることのできない倫理的問題があるとなれば、必要になるのは《一方性》の性格を備えた原理であろう。そして、ヨナスの主著の題名にも掲げられている「責任（Verantwortung）」という概念は、まさにこのような「一方的」ないしは「一方方向的」な性格の倫理原則を表すものにほかならない。これまでに見た、まだ存在していない子孫に配慮しなければならないという世代間の義務を、ヨナスは「責任」という概念で説明しようとしている。

《相互性》という概念では説明できないが、われわれにとって自明な道徳の原理はたしかに存在する。それは、ある人の行為が原因となって何らかの結果が生じた場合、その人はその結果に責任を負わねばならないということである。「責任」は、英語では"responsibility"と言い、ドイツ語では„Verantwortung"と言う。どちらも「答える（respond. antworten）」という動詞から派生した言葉である。

われわれは、自分の行為が原因となってある結果が生じた場合、問いただされれば然るべき仕方で答えなければならない。このようにして生じる義務は、相互性に基づく行為によって果たされるのではない。たとえば、バスの運転手の不注意が原因で交通事故が生じ、そのために乗客が怪我を負ってしまったら、もちろん運転手の責任が問われることになる。この場合に、今度は乗客が運転手に同様の怪我を負わせるべきだと考えるならば、何やらおかしなことになるであろう。求められるのは、謝罪や賠償によって答えることである。このようにして「答える」場合でも、《相互性》の考えが根底にあると言うことはできるであろうが、「等しいものをそのまま返す」というような仕方で《相互的》な振る舞いが行われるわけではない。このように考えると、実際に行われる道徳的な行為は、現実には《一方的》な性格のものとなる場合のほうがずっと多いであろう。一方的な性格の道徳原理はたしかに存在するのである。

ヨナスによれば《責任》は、子に対する親の義務を原型としているという。親は、まだ存在していない子自身に頼まれて子を誕生させるわけではない。それゆえ、この世に子を生まれ出させることは、相互性に基づかない一方的な行為にほかならない。また、生まれ出た子が次には自分の親を生み返して育ててあげることなど当然できない。子はさらに自分の子の親になることしかできない。このように、どこまでも一方的な方向において成り立つ義務が《責任》にほかならない。

子を生んだ親は、もちろん子の面倒を見、成人になるまで育てなければならない。自分が原因である以上、親は子に対して一方的に責任を負うのである。ヨナスは、赤ん坊を目の当たりにする場面を特に強調している。「赤ん坊が息をしているだけで、否応なく『世話をせよ』という一つの『べし』が周囲に向けられる」[4]とヨナスは言う。それは、責任が発生する原初的場面にほかならない。赤ん坊は特別な存在である。赤ん坊は自力で生きて行くことができない。生きて行くためには周囲の人の手で世話される必要がある。しかも赤ん坊は、自らの意志で生まれてきたわけではない。したがって、この赤ん坊を生まれさせた親には、この赤ん坊の世話をする責任が間違いなくあるのである。

さて、ここで将来の世代に対する義務という問題に話を戻そう。子孫に配慮しなければならないという義務を《相互性》の原理によっては説明できないというのが、われわれの問題であった。解答はすでに明らかであろう。この義務は《責任》という原理によって説明されるのである。われわれと子孫との関係は、親子関係の延長線上に成り立つものにほかならない。子孫とは、子どもの子どもの……子どものことだからである。自分の子どもに対して一方的な義務を負うということであれば、その先に存在することになる子孫に対しても一方的な義務を負うことになる。遠い子孫への配慮は、目の前にいる赤ん坊の寄る辺なさが呼び起こす感情を起源として、その遠方に生じる。今日の科学技術文明の中で新たな倫理の基盤として召喚されなければならないのは、はるか後の時代を生きる人々に対して果たされなければならない《責任》という義務にほかならない。

ただ、生きる時代がまったく重ならない人との間では「問う」「答える」という行為は成り立ちようがない。この場合にも《責任》という概念が有効であるか否か、検討しておかねばならない。われわれのせいで化石燃料が枯渇したために、数百年先の子孫たちが不便な思いをすれば、その子孫たちはわれわれに「どういうことだ」と問い詰めたくなるであろう。だが、そのときにわれわれがこの世に存在していないことは言うまでもない。答えて責任を果たそうとしても当然不可能である。

注意しなければならないことであるが、《責任》という義務を果たすということは、実際に答えたり応じたりする行為に限られるわけではない。「とがめられることはありえないから」と考えて、遠い先の時代の子孫にとって迷惑となる行為を平気で行うような人が、無責任な人であることは言うまでもない。《責任》という義務は、「問う—答える」の関係が仮想の場合でも成り立つものなのである。過失から交通事故を起こしてしまった場合には、当然きちんと謝罪をし、多額の賠償金を支払うことによって答えなければならないが、そのためには、事故が実際に起こる以前から事故の発生を想定して、賠償金を支払える態勢を整えておかねばならない。自動車保険に加入してこうした態勢を整えることをせず自動車を運転する人がいれば、その人はそれだけですでに責任を怠っていることになる。《責任》を負うということは、現実に答えるという行為に限られることではない。いつでも答えることができるように姿勢をあらかじめ整えておくこともまた、《責任》を負う行為にほかならないのである。

それゆえ、《責任》はまさに将来の世代に対する義務であると言うことができる。たしかにわれわれは、時代の重ならない将来の世代から「どういうことだ」と詰問されることは現実にはありえない。だが、むしろだからこそ

《責任》は、まさに〈一方的〉な義務として果たされなければならないのである。仮想の中で将来の世代から問いただされる場面を想定して、われわれは普段から答えることができようにしていなければならない。結果について問いただされたならば答えられないと仮想される場合には、われわれは原因となる行為を控えなければならない。代替できる方策を見つけずに化石燃料を枯渇するまで消費したり、不都合が生じる可能性に気づいていながらCO^2の排出を控えず、温暖化抑止のための方策を実施しなかったならば、仮に将来の世代の人々から問いただされた場合に、われわれは答えを返すことができないであろう。このような場合には、われわれは《責任》を果たしていると言うことはできないのである。

われわれには間違いなく将来の世代に対する《責任》がある。後の世代の人々が生活する状況は、かなりの部分に関して、その人々の意思とは関係なく、われわれの行いによって一方的に決められてしまう。われわれは、将来の世代の人々が健全に生きていけるように義務を果たさなければならない。ただ、このことを確認したとしても、こうした義務を実際に果たしてゆくには、伴う困難も大きい。というのは、便利さを断念するのは実際のところ非常に難しいであろうし、また、まだ存在しない人々からなる将来の世代のことを本気で考えようとしても、現実にはかなり困難だと思われるからである。では、どうしたら将来の世代に対して《責任》を果たしてゆくことができるか、次にヨナスの主張を参照しながら、より具体的に考えることにしたい。

第三節　責任の具体的履行

ヨナスは同じ緒論点を繰り返し提示している。その中でも特に重要なものとしては次のような事項が挙げられるように思われる（ヨナス自身が截然とした整理を与えているわけではない。以下の番号づけも私が行ったものである）。

（1）まず人間が生存し続けることを図らなければならない

ヨナスによれば、人間が生存し続けることを可能にすることが、われわれの果たすべき第一の義務であるという。われわれは生殖行為によって子どもをつくり、人類の存続に寄与する義務を負っている。人類が将来いかなる状態で存続してゆくのがよいかを考えるのは、二の次の問題である。それ以前の前提として、まず人類の生存が確保されなければ、それがどのように存在するのがよいかという価値判断を下そうとしても意味がない。まず存在するものがなければ、「価値がない」という価値すら帰属させることができないとヨナスは言う[5]。

それゆえヨナスによれば、「人類の生存を図らなければならない」という命令文が最も重要な命法にほかならない。この命令をヨナスは「第一の命法（das erste Gebot）」に位置づけ、それに伴う責任を「宇宙論的責任（kosmische Verantwortung）」と呼んでいる[6]。

われわれは、人類の生存を脅かす恐れがあるような営みを、何よりも控えなければならない。地球温暖化が進むと人類が住める環境が失われるかもしれないということであれば、CO_2を気兼ねなく排出して温暖化に加担するような行為は控えなければならない。また核廃棄物のように、人間の生命に打撃を与えることが懸念される物質や、環境ホルモンのように、生殖機能にダメージを与える恐れのある物質を放置してはならない。

なおヨナスは、こうした義務について述べる際、特定の個人にではなく、後の世代全体に配慮しなければならないと主張している。実際のところわれわれは、われわれの子孫の一人一人がどのような人として存在するかに対しては、責任を負うことができない。「どうしてこのような人間に生んだのか」と親を詰問する子どもは多いであろう。だが、どのような人に生まれてくるかは運まかせにならざるを得ず、そこまで親が責任を負うことは実際にはできない。われわれの義務は人類を存続させることにあるのであって、まだ生まれていない人の個別的特性を決定することではない（人間の個別的特性に関しては、生まれ出る前に操作を行うことのほうが問題のあることだと言えよう）。このことをヨナスは「知られざる未来に対してわれわれが引き受けられるのは個別性ではなく普遍性でしかない[7]」とも表現している。われわれは人類の全体に対してのみ責任を負うことができるのである。

(2) 希望よりも恐れを重視しなければならない

現代人が科学技術の進歩と向き合うときの姿勢が、肯定と否定の両方を含んだアンビヴァレントなものになっていること、現代人が科学技術に対して期待と不安の両方を抱いていることは、先にも述べた通りである。こうした二面的な状況に関するヨナスの主張は非常にはっきりしている。ヨナスは「恐れを義務であると宣言する[8]」と言っている。科学技術文明の進歩がもたらす負の側面のほうを重視し、何か不都合なことが生じはしないかという不安のほうを強くもたなければならないとヨナスは言っているのである。先の見通しが不確実な事柄に関しては、不安材料のほうにより大きな配慮を払わなければ、われわれはつい便利さの追求に走ってしまって、生じうる災厄を小さく見てしまうことになろう。また、自分の行いが将来の世代に迷惑をかけるかもしれないということに考えが及びにくくなってしまうであろう。だが、利点のことばかり考えて進めてみたら、後から不都合なことが生じて取り返しのつかないことになってしまうといったことは、もちろん避けねばならない。

さらに言えば、われわれは故意に不安を抱き、意図して恐れるように努力しなければならないと言うことができる。というのは、人は便利さを追求して、頭のどこかで不安を感じつつも、楽しみな事柄のほうに気持ちが傾くのが普通だと思われるからである。こうした性向に抵抗して、われわれはたえず不安材料を探して、意識的に恐れるように努めなければならない。たとえば、リニアモーターカーの開発計画について考えてみよう。われわれの多くは、リニアモーターカーが開通すれば、これまで考えられなかったような速さで移動することができると考えて、期待をふくらませるであろう。こうした夢のある事業は人々の心を引きつけ、多くの人の背中を押すであろう。だがこうした期待よりも、リニアモーターカーが発する強力な磁力によってがんが増えないか、地震に見舞われたとき大事故を起こすのではないかという不安のほうに、われわれは気持ちを向けなければならない。こうした不安を指摘する意見がありながら、期待のほうに動かされてリニアモーターカーの事業は着々と推進されているように見える。こうしたことではいけないとヨナスは言っているわけである（ヨナスのこうした主張は、今日「事前警戒原則（precautionary principle）」ないしは「予防原則」と呼ばれているものに合致している。重大な危惧が予想される場合には、その予想が確かでない場合でも、それを避けるための配慮や努力を怠ってはならないという原則のことである）。

なお、このように主張したときにヨナスの念頭にあったのは、食糧が今後不足するようになるかもしれない恐れ、金属のような資源が足りなくなることへの不安、化石資源が枯渇するためにエネルギーがそれまでのようには得られなくなる恐れ、太陽光や水力、風力等による発電では電力はとても賄えないのではないかという不安、といったことである。(9)

(3) ユートピアに対する幻想を抱いてはならない

ヨナスは、今日の科学技術の原点をフランシス・ベーコンの思想に認めている。周知のようにベーコンは、観察や実験を重視し、経験に忠実に従った学問の構築を唱えた人物である。また本書でも後にあらためて見ることになるが、それまでの哲学者や思想家と違って、機械技術を重視し、それを通して人間が自然を制御するべきことを主張した人物でもある。

だがヨナスによれば、科学技術が今日のように爆発的な進歩をとげて、科学技術が人間にとって不都合なことを生じさせかねないことまでベーコンは予見していなかったという。ベーコンが理想として考えたのは、機械技術が人間の負担を軽減することによって人間の幸福に資することであった。ところが産業革命によって物の大量生産が可能になった初期資本主義社会においては、周知のように、逆に人間が機械に仕えるような状況が生まれた。機械を用いた生産に携わるために、労働者は一日に一〇時間以上も工場で働かなければならなかった。ベーコンが思い描いたのと逆の方向に事態は進んでしまったのである。

こうした状況を打破しようとした思想の一つが、詳述するまでもなくマルクス主義である。だがヨナスの指摘をまつまでもなく、マルクスの考えを実現しようとした社会主義国家・共産主義国家が全般的に見て破綻していることは、誰の目にも明らかであろう。ヨナスはその原因の一つを、マルクス主義がベーコン主義と同様の技術崇拝の思想であった点に見出している。西側の諸国には必ずしもよく知られていないことであるが、社会主義・共産主義の社会では「技術力が善なるものであるというほとんど宗教的な信仰(10)」が抱かれていたというのである。

このことは今日われわれの多くには馴染みのないことであり、この機会によく確かめておく必要があろう。ヨナスによれば、「マルクス主義の心臓部」には「ユートピアという考え方」が潜んでいるという(11)。マルクス主義の抱くユートピアとは、人間の労働を機械に肩代わりさせることによって、人間が労働の苦労から解放された状態のことである。ヨナスも引用しているマルクス『資本論』の一節をここでも見ておこう。

> 自由の王国は実際に、そのとき初めて始まる。すなわち、労働は必要（困窮）と外的合目的性によって規定されているが、その労働がなくなるときである。だから自由の王国は、事柄の本質上、物質の本来的生産の領域を超えた向こう側にある(12)。

こうしたユートピアを称揚した代表的人物として、ヨナスは旧東ドイツの共産主義思想家であったE・ブロッホに特に注目している。ブロッホは、マルクス主義によって達成されるユートピアを、人々が労働から完全に解放されて余暇（Freizeit 自由時間、ゆとり）を好きなだけ享受することができる状態として解釈している。この状態にあっては、平日と休日との区別がなくなり、趣味や道楽が職業になるとブロッホは言う。

> ある社会がそれ自身として、労働の彼岸にあるとする。たしかにその社会では、それだからこそ、今では日曜日も休日も切り離されてはいないであろう。しかし、その社会では、道楽が職業となり、民の祭りが社会の一体感の素敵な現象となる。そのようにまた、その社会は精神と幸せな婚姻関係に入り、その社会の平日は、精神の手を借りて祝祭とされることができよう……。(13)

先にも触れたように、こうした状態は機械化を押し進めて、人間の労働を機械が肩代わりすることによって可能になるとされる。意外にも見えることであるが、マルクス主義は機械による物の大量生産を否定しようとはしない。むしろ逆であって、自動機械化（オートメーション化）を押し進め、生産を機械にゆだねることによって人間を解放しようとする。肉体的労働を自動機械にまかせれば、人間には精神的労働だけが残されるとブロッホは主張する。ヨナスはこのようなブロッホの考えを徹底的に批判する。こうした単純すぎるようにも見える思想は、ヨナスが最も嫌悪するものだったようである。肉体的労働をすべて機械にまかせれば、人間には精神的労働だけが残されるというブロッホの考えは、夢想にすぎないとヨナスは言う。肉体的労働をすべて機械にまかせれば、人間には機械が正常に作動するかどうかを監視する仕事だけが残されることになるが、それはとても「精神的労働」だとは言えないというのである。

> 〔ブロッホの言うユートピアが実現した場合、〕時計の小さい歯車の一つを連続的に切り出してくる機械を、単に監視するだけの労働をする人があろう。……そうした労働は、全体をまるまる手仕事で製作する時計職人……の労働よりも「いっそう精神的」なのであろうか。とんでもない話である。機械を監視するだけの人の労働は、

精神的にいっそう貧困である。(14)

また、仮に自分の時間をすべて趣味に当てることができるとしても、そうしたことを可能にする社会が本当にユートピアだと言えるのか、ヨナスは大きな疑問を投げかけている。ヨナスは、ある機械工が蝶の収集を趣味としている場合を仮定して、それについて次のように述べている。ヨナスに同意できるように感じる人は多いのではないかと思われる。

その機械工は四六時中、蝶を収集したいと思うだろうか。私は疑う。彼はやはり、……職業にこそ、……暇なときの趣味に対する以上の充実感と自負心を味わうだろう。私をこのことに賭けてもよい。暇つぶしの趣味は、主な仕事とされてしまえば、おそらくその魅力を失うだろう。(15)

一切の拘束や労働を免除されて、すべての時間を自由に使うことができれば、人間は本当に幸福になれるのか、一度はきちんと考えてみる必要があろう。もし時間がすべて自分の自由になるという状態が実現すれば、多くの人は無為な時間ばかりを空しく過ごして、虚無感ばかりを味わうのが現実ではないだろうか。また、時間を惜しんで趣味に没頭する人もいるかもしれないが、そのようにして行われる趣味は、ヨナスが言うように、仕事としての性格を帯びてしまい、心底から楽しめるような本当の趣味ではなくなってしまうと思われる。むしろ果たさなければならない仕事や義務があるからこそ、それらから自分を解放してくれる趣味が重要になるのではないか。

そして、余暇における休息と趣味によってエネルギーを充填された人間は、再度仕事に戻って、時には趣味に熱中するとき以上の情熱をもって仕事に当たるであろう。この点では、むしろ仕事こそが人生を充実したものにすると言うこともできる。たしかに仕事は人間にとって大きな負担であり、時に大変なストレスをもたらす。多くの人は仕事から解放されることばかりを望んでいるとすら言えよう。だが、だからといって人間は、仕事から離れれば幸福になれるわけではない。むしろ仕事から離れる時間があまりにも長く続いてしまうと、人間は堕落した姿を呈するばかりとなろう。ヨナスが強調しているのは、このように人間が単純には捉えられないこと、人間がある種の矛盾を備えた存在だということである。こうした人間のあり方を示すのにヨナスは「二義性（Zweideutigkeit）」という言葉を用いている(16)。

非常に勤勉に働く人でも、眠らないということはありえないであろう。したがって、四六時中たえず勤勉である人間もいなければ、逆にいついかなる場合にも怠惰な人間もいない。また「好人物」「親切で優しい」という評判の人が、身近な人には横暴だといった類の話は山ほどある。常人には考えられないような能力や力量を備えてヒーローとして仰がれる人も、事故や災害に巻き込まれて、一瞬にして命を落とすことは大いにありえよう。人間はこのように「勤勉」であると同時に「怠惰」であるというあり方、「親切」であると同時に「横暴」であるというあり方をする存在、また「偉大さ」と「惨めさ」を同時に備えた存在である。さらに、人間は「幸せ」と「苦しみ」を同時に味わい、「罪深さ」と「無垢さ」といった矛盾した性格を同時に併せもっていると言うこともできよう(17)。

したがって、人間がただただ豊かで幸福に暮らせるようなユートピアは、はじめから成り立ちえない。「豊かさのためには……労苦……も必要だからである(18)」。ただただ仕事や労働から解放されて幸福な生活を享受するといったことはありえない、仕事や労働の苦労が同時にあるからこそ幸福な時間もあるのだとヨナスは言う。科学技術をひたすら進歩させて、労働を自動機械にまかせることが人間にとってよいことだと単純に考えることはできない。この点を見誤って、単純な見方に基づいて目指された社会主義・共産主義の国家は結局実現せず、ほとんど破綻を迎えることになった。

ユダヤ人であったため、ナチスの迫害を逃れてアメリカに渡ったヨナスは、多くの著作を英語で記したが、最後に上梓した大著『責任という原理』は母国語であるドイツ語で著している。誤っているとしか思えない思想が祖国で流布している状況にどうにもがまんがならず、祖国に対して大声で呼びかけたい気持ちが背景にあったと思われる。とりわけブロッホを批判するときのヨナスの姿勢には、大変に執拗で苛烈なものが見られる。

科学技術の進歩に対して大きな警鐘を鳴らすヨナスの倫理思想は、さらに人間のあり方に関する重要な洞察を含むものになっている。ヨナスの思想はさらに検討される価値のあるものであろう。ただ、これ以上ヨナスの思想に関わろうとすれば、本書が扱うべき本来の主題から話が大きく離れてしまうことになろう。われわれは本来のテーマに戻り、ヨナスの主張を念頭に置きながら、科学技術に関する問題をさらに検討してゆかなければならない。

次章以下で見てゆきたいのは、科学技術がこれまで辿ってきた歴史である。《科学技術》の成立は、人間の生活風景を激変させるほどの影響を及ぼした特殊な出来事であり、それまで必要なかった倫理原則さえも要請するに至った。それがどのような経緯を辿って成立したかを見ることは、今日われわれが一度は取り組まなければならない課題であろう。その上で、今日われわれは科学技術に関して何をしなければならないかを考えなければならない。

注

（1）J・S・ミル、早坂忠訳『自由論』、関嘉彦責任編集『世界の名著49　ベンサム／J・S・ミル』（中公バックス、一九七九年）、所収、二二八頁。

（2）Jonas, H., *Das Prinzip Verantwortung: Versuch einer Ethik für die technologische Zivilisation* (Insel, 1979), S. 37. 加藤尚武監訳『責任という原理――科学技術文明のための倫理学の試み――』（東信堂、二〇〇〇年）、二三頁。

（3）*Ibid.*, S. 35. 邦訳、二一頁。

（4）*Ibid.*, S. 235. 邦訳、二二三頁。

（5）*Ibid.*, S. 100. 邦訳、八五―六頁。

（6）*Ibid.*, S. 186. 邦訳、一七六頁。

（7）*Ibid.*, S. 239. 邦訳、二二八頁。
（8）*Ibid.*, S. 392. 邦訳、三八七頁。
（9）*Ibid.*, S. 331ff. 邦訳、三二一頁以下。
（10）*Ibid.*, S. 276. 邦訳、二六九頁。
（11）*Ibid.*, S. 278. 邦訳、二七一頁。
（12）Marx, K., Engels, F., *Das Kapital*（Gesammelte Schriften Bd. 25, Diez Verlag 1976）, S. 828. 向坂逸郎訳『資本論（九）』（岩波文庫、一九六九年）、一六頁。Jonas, *ibid.*, S. 343. 邦訳、三三三頁。
（13）Broch, E., *Das Prinzip Hoffnung*（Suhrkamp, 1959）, S. 1071f. 山下肇ほか訳『希望の原理』第三巻（白水社、一九九七年）、六〇六頁以下。Jonas, *ibid.*, S. 349. 邦訳、三四〇頁。
（14）Jonas, *ibid.*, S. 351. 邦訳、三四二頁。
（15）*Ibid.*, S. 359. 邦訳、三五一頁。
（16）*Ibid.*, S. 381. 邦訳、三七五頁。
（17）*Ibid.*, S. 382. 邦訳、三七六頁。
（18）*Ibid.*, S. 385. 邦訳、三八〇頁。

第二章　科学技術の歴史（Ⅰ）

本章以下の三つの章では、今日の科学技術が成立するまでの歴史的経緯を辿ることを試みる。科学技術をめぐる今日の特異な状況が一体どのような経過を経て成立したかは、一度は見られなければならないものであろう。なおわれわれは、具体的な歴史的事象について見る前に、T・クーンの科学革命論（パラダイム論）の内容を瞥見することにしたい。理由は二つある。

第一に、科学研究の現実のあり様について考えるために、クーンの議論は手がかりとして非常に有効だと思われるからである。あえて単純化して言えば、クーンのパラダイム論が主張するのは、科学研究が実際のところ、単純に実験や観察によって事実や法則を確かめるようなものではないということである。クーンによれば、実際の科学研究においては、観察や実験に先立って科学研究を条件づける理論的前提のようなものが存在するという。STAP細胞騒動が生じたときにも、多くの人はこれと似通ったものを感じ取ったのではないか。

第二の理由は、クーンの議論が、科学の歴史を見通すための視座を与えてくれるという点にある。後ほど具体的に見てゆくことになるが、科学の歴史は、知識や知見の蓄積に基づいて単純に進歩してきたような過程ではない。そうではなく、科学の歴史においては、自然現象を捉えるときの理論的前提が根本から異なるものに交替する出来事（科学革命）が繰り返し生じてきた。このことをはじめて主張したのはクーンではないが、クーンが提唱した

「パラダイム」という概念によってより明確に示された。よく知られているように、クーンの言葉で言えば、「科学革命」とは「パラダイム」が交替する現象にほかならない。科学革命が様々に生起したことから成るものとして科学の歴史を捉えるために、クーンの言う「パラダイム」とはどのようなものであるかを、われわれは次に確かめなければならない。

第一節　クーンのパラダイム論

クーンが提示した「パラダイム（paradigm）」という概念は、大雑把には、科学者たちが共有している「物の見方」や「考え方の枠組み」と言われてよいものである。ただ、クーンがこの用語を『科学革命の構造』ではじめて提示したときには、多義性や曖昧さをもつものとして批判の対象にもなったため、この用語はその後クーン自身によって「専門母体（disciplinary matrix）」という言葉で置き換えられている。「パラダイム」や「専門母体」という言葉に関しては、そもそもこうした用語によってクーンが何を表そうとしたかを確かめることが重要である。

『科学革命の構造』に後から書き足された補章では、クーン自身が「専門母体」という概念に含まれる諸内容を分析して列記している。そこでクーンは、「専門母体」という概念に込められている最も重要な点は、それが「見本例（exemplars）」を意味しているところにあると述べている。そして、それを「科学教育のはじめに出会う具体的な問題解答」とも言い換えている[1]。科学者になることを志す者は、教育を施される序盤の過程で、どのような問題を立て、それにどのように答えるかを、具体例を見せられながら教え込まれるというのである。クーンの言う「パラダイム」ないし「専門母体」とは何より、このようにして科学者たちに仕込まれる問題と解答の模範例の総体にほかならない。では、こうした模範例はどこから与えられるのであろうか。それはクーンが「パラダイム」に与えている最初の定義を見るとき明らかになる。そこでは「パラダイム」は「一般に認められた科学的業績で、一時期の間、専門家に対して問い方や答え方のモデルを与えるもの」[2]と定義されている。すなわち「見本例」は、「一般に認められた科学的業績」によって与えられるのである。

「パラダイム」ないし「専門母体」とは、専門家集団に支持されて権威を得、その後の科学研究の模範となった業績のことであること、またそれによって与えられる、問題の立て方と答え方の模範例であることが確認される。クーン自身が「パラダイム（paradigm）」という言葉の語義的な意味に注意を促しながら述べているように[3]、この言葉は、ギリシャ語で「手本」や「模範」を意味する「パラデイグマ（paradeigma）」という語に由来している。そして、このような「手本」や「模範」を提供する有力な業績は、単発的な発見や理論の寄せ集めではなく、「さまざまな種類の秩序ある要素によって構成されている」[4]。クーンによれば、「母体（matrix）」という語には、組織的に構成されているという意味が込められているという。

専門家集団に支持されて権威を得ることに成功した科学的業績とはどのようなものかを知ろうと思えば、典型例としてニュートンの物理学を考えればよいであろう。言うまでもなくニュートン物理学は、個々の発見や法則を単に寄せ集めたものではない。ニュートンの著書『プリンキピア』は、ユークリッド幾何学と同じスタイルで書かれており、少数の定義と公理（運動法則）から多くの定理を導き出すという構成をとっている。自然を数学的・幾何学的に解明しようとする探究姿勢がここに表れていることは言うまでもない。このように高度に体系化されたニュートン物理学は、実際に圧倒的な支持と権威を得ていった。そして、このような業績が科学者共同体の中で共有されると、以後の科学研究においては、ニュートン物理学の枠内で適切とされるような仕方で問題が立てられ、またその答えも求められてゆくことになる。ニュートン物理学の体系内で無意味とされるような問題ははじめから立てられないし、体系と整合しないような答えが得られた場合には、単なる例外的事象として正視されないことになる。

よく知られているように、ニュートン物理学の体系においては、全宇宙において時間と空間はそれぞれ一つしか存在しないとされる。宇宙に唯一存在する本物の時間、「絶対時間」とは、何物の影響も受けずにたえず等しい速さで流れる時間のことである。また空間は、全宇宙に広がるものが唯一の真正な空間であり、この「絶対空間」は均質に伸び広がった不動の存在だとされる（なお二〇世紀になって、アインシュタインの相対性理論によってこのような時間と空間は否定され、慣性系ごとに時間と空間は異なっていることが明らかにされた。そうなるとニュートン物理学の体系全体が改変されなければならなくなった。これは既存のパラダイムがまるごと別のパラダイムにとって替られる現象であり、「パラダイム・シフト」と呼ばれる。これについては後にあらためて論じる）。

また次に見るのは、クーン自身ではなく先達のハンソンが挙げている例であるが、分かりやすい事例だと思われるので取りあげることにしたい。細胞を顕微鏡で観察するとき必ず見える塊状のものがあるが、それはかつて、染色技術が劣っているために出来てしまう顔料の凝固物と見なされていたという。そのため、それは科学者の注意を引かなかった。その後ある科学者によって、それが細胞内の重要な一器官であることが突きとめられ、その科学者の名をとって「ゴルジ体」と呼ばれることになった[5]。観察という作業が、ものをありのままに見る行為ではありえず、それ以前に了解されている前提に基づいていることを示す例である。

『科学革命の構造』の第五章には「パラダイムの先行（パラダイムのほうが先に存在すること）（The Priority of Paradigms）[6]」という表題が与えられている。科学研究においては、個々の実験や観察などの作業に先立って、科学者共同体の共有するパラダイムが存在していることを意味するタイトルである。科学研究が先行するパラダイムにいかに制約されるものであるかは、上のゴルジ体の例を考えればよく分かるであろう。何らかの理論的な前提を一切抜きにして、あるがままの事象に虚心坦懐に向き合うといったことは、現実にはありえない。科学研究の実際の営みがこのように、われわれ素人が想像しているのとは大きく異なっていることは、今日の科学のあり様について考えるために、ぜひとも知っておく必要があろう。

科学研究の実態がこのように一般の素人が思うのとは異なっているということであれば、科学の進歩や発展も、一般に考えられているのとは異なるものとして理解されねばならないはずである。というのは、実際の科学研究がパラダイムによってあらかじめ決められた手順や手続きに従うものであれば、行われるのは一種のルーティン・ワークにすぎないことになり、新たな発見や知見を導き出すような役割は果たしにくいと考えられるからである。科学者共同体の中で営まれるこうした通常の研究活動を、クーンは「通常科学（normal science）」と呼んでいる。それはこれまで見られたように、パラダイムに適合するように問題を立て、それに対してパラダイムと矛盾しない解答を与える作業にほかならない。クーンはこうした作業を「パズル解き（puzzle-solving）」に喩えている。

科学研究をジグゾーパズルの組み立てになぞらえるとき、クーンの主張はより理解されやすくなると思われる。ジグゾーパズルを組み立てるとき、個々のピースは、それだけ眺めても何が描かれているか意味不明であるが、われわれは完成される全体図を予想しながら、ピースのはまる位置を探してゆくことができる。そして、はめ込みの作業を少しずつ積み重ねてゆくと、徐々に像が結ばれてゆく。ピースの位置をつきとめるのも次第に容易になり、作業がルーティン度を増しつつ継続された後に、ある程度の範囲の絵柄がはっきりとした像として確定される。こうした像の確定を、解答が得られた状態に見立てることができよう。このとき、個々のピースに何が描かれていたのかも明らかになる。この場合、この小さな範囲の絵柄をさらに取り囲むものとして予想されていた、大きな全体的絵柄がパラダイムに当たる。

通常科学における科学研究が、ジグゾーパズルの作成に似たルーティン的なものであるということは、通常科学の価値が低いことを意味するものではない。このように行われる科学研究は実直なものであり、もちろん情報や知見の蓄積に貢献する。ジグゾーパズルの多くの箇所で絵柄がはっきりしたものになり、その範囲が次第に広がってゆくようにして、様々な事象が現行のパラダイムの下で解明されることになろう。研究の進展にともなって知識や情報が蓄積してゆき、科学は次第に豊かな内容を備えてゆくであろう。

だがこうしたルーティン・ワークとしての科学研究は、画期的な発見や科学の劇的な変革をもたらすものとは考えにくい。クーンによれば、科学の実際の歴史を辿ってみると、大きな発見がなされたり、科学が劇的な進展を遂げたりしたときには、ルーティン・ワークとはむしろ逆のことが行われたという。すなわち、歴史の中で科学が大きな変革や進歩を遂げたのは、上述のように既存のパラダイムに即して研究が積み重ねられたときではなく、パラダイムそのものがそれまでとまったく異なるものに変化したときだったというのである。これは、ジグゾーパズルの喩えで言えば、それまでどうしてもはまらなかったピースをはめ込むことができた場合に当てはまる。はまらないピースをどうにかしてはめ込もうとすれば、組み立てられる（部分）像に関する考えをまったく変更して、パズル面の出来上がっていた部分を一度すべて崩し、はじめからピースをはめ直す作業が必要になろう。この場合、組み立てられる絵柄が以前とまったく違ったものになり、予想されていた全体図がいつの間にかまったく異なったものになることもあろう。パラダイムの交替（パラダイム・シフト）とは、このように全体図としてまったく別のものが予想されるようになる現象になぞらえられる。

「はまらないピース」という喩えで呼ばれているのは、科学研究のなかで出会われる「変則事象」のことである。通常科学の営みは、現行のパラダイムでは説明を与えることが難しい現象にしばしば出くわす。それらは特に注視されずに放置される場合もあれば、現行のパラダイム内で説明が図られる場合もある。だが、見出される変則事象の数が許容量を越えたり、現行のパラダイム内の説明では対処しきれないと思われる場合には、もはやパラダイムが持ちこたえられなくなる。その場合には、現行のパラダイムが科学者共同体による支持を失い、別のパラダイムが採用されることになる。問題の立て方や答え方を示す見本例も、以前とまったく異なるものになり、そもそも何を問題にするのか、問題にどのように答えるのかが、以前とまったく違ったものになる。

このようにパラダイムが転換して（専門用語で言えば、パラダイムがシフトして）、科学が根本からまったく別のものに変化する現象は、周知のように「科学革命（scientific revolution）」と呼ばれる。クーンによれば、科学の歴史の内実を辿ることによって見えてくるのは、科学が知見や情報を豊かに蓄積させて進歩を遂げてきたことではなく、むしろ、時に「科学革命」によって生じる断絶を経て、科学が以前とはまったく異なるものに変貌を遂げてきた事実だという。

こうした解説は、科学の歴史を学んだことのない者にとっては、やはり意外なものであろう。少なくとも科学の実情を知らないわれわれ素人は、常識的に、科学者は日々の研究活動によってデータを集め、そこから得られる新しい知見や情報を蓄積する作業をしていると考えるであろう。そうすることによって科学の進歩に貢献しているとわれわれは考えているであろう。ところがクーンの説明は、こうした常識とほぼ正反対のことを主張するものにほかならない。

クーンのパラダイム論は、科学研究において実験や観察のもつ意義を、常識的に考えられるよりも小さく思わせるものだと言えよう。先に見たゴルジ体の例から分かることは、観察による検証という作業も、何かを純粋に見て確かめるということではなく、何らか理論的な説明に類するものを背景にして行われるということである。クーンのパラダイム論は、科学研究において実験や観察よりも理論や説明のほうが優位に立つと考えさせるものだと言える。

ここで一度、ＳＴＡＰ細胞事件のことを振り返っておきたい。この事件の内容には、クーンの主張にかなり合致するところがあり、この事件を参照することによって、クーンの主張が現在の科学研究のあり様を的確に捉えている次第が明らかになると思われる。次のような諸点が注目されてよいと思われる。

第一の点は、事件が問題化する中で、共同研究者が確認実験をしていなかった（少なくとも成功していなかった）ことが明らかになったことである。ここには、自然科学の営みが、実はあるがままの現象を正視するようなものではなく、科学者たちの間であらかじめ共有されている考え方の枠組み（パラダイム）に基づいて行われているというクーンの指摘に合致するものがあろう。あえて極端な言い方をすれば、観察で見てとられたり実験で確かめられたりすることとは関係なく、科学者たちが「とにかくそうなのだ」と言えば、それが科学の真理として通用するといったことが、ＳＴＡＰ細胞事件では実際に生じたように感じられた（実際に代表研究者は「ＳＴＡＰ細胞はあります」と声高に宣言していた）。もちろん、クーンが実際に主張したことはこのような単純なことではないが、クーンの主張にかなり合致することが実際に生じたように感じられた。現実の科学研究において、実験や観察が、少なくとも素人が思っているほどには重視されていない実態が明らかになったと言うことはできるであろう。

第二に挙げられる点は、クーンが強調した「科学者共同体（scientist community）」の役割の大きさが、現実のものとして見てとられたことである。ＳＴＡＰ細胞の研究成果は、『ネイチャー』という超一流の科学ジャーナルに掲載されることが決定したとき、間違いのない成果として華々しく発表された。科学業績の正否や価値は、観察や実験による検証よりも、同業者の承認によって確定するという現実が明らかになったように思われた。なおＳＴＡＰ論文が『ネイチャー』に採用された理由としては、「論文構成の天才」と呼ばれていた笹井芳樹が共同研究者として執筆に携わったことも挙げられた。このことは、論文が優れた構成をとって、説明や論証に説得力が備わっていれば、観察や実験による検証がなくても科学の成果として認められることを思わせた。また「笹井」「理化学研究所」といった、生物学の世界ですでによく知られていた名前がＳＴＡＰ論文に対する信用を大いに高めたことも指摘された。科学者共同体の中で権威が大きな効果を発揮する次第が確かめられたと見ることができる。

第三に、ＳＴＡＰ細胞の研究成果に関しては、既存とは異なる発想に基づいて実験が行われたことも言われており、クーンの言う「パラダイム・シフト」に近いことが生じたように思わせるものがあった。通常は細いガラス管を通して捨てられてしまう小さい細胞に着目したことが言われていたからである。ＳＴＡＰ細胞研究の成果は、当初、既存の見方にとらわれずに新しい発想をとることによって実現したようにも報じられた。

　科学研究のあり方に関して、クーンが五〇年以上も前に指摘したことの正鵠さが、ＳＴＡＰ細胞事件を通してあらためて確かめられたように思われる。実験や観察を通して、あるがままの事象に実直に向き合おうとする姿勢が、素人が考えるほど重視されていないことに驚いた人は多かったのではないだろうか。こうした傾向が今日、クーンの時代に比べてさらに進んでいることも十分に考えられよう。

　ただＳＴＡＰ細胞事件をめぐっては、同時に他方で、これと逆のことが確かめられたことも指摘しなければならない。それは、素人にすればむしろまったく当然のことであるが、説明に説得力があるだけで研究の成果が正しいものとして認められることはないということである。成果の正否は、最終的にはやはり実験や観察を通した検証によって決定される。ＳＴＡＰ細胞が作成されたという成果が最終的に否定されたのは、何度繰り返しても実験が成功しないからであった。研究者が「ＳＴＡＰ細胞はあります」と毅然と宣言しても、当然のことながらＳＴＡＰ細胞の存在が証明されるわけではない。科学の成果が実験や観察によって確かめられるという事情は、今日においても変わらないのである。クーンの主張に過剰に――あるいは誤って――影響されて、今日の科学研究が実験や観察をまったく顧みないものだと考えてしまうと、誤った見方をとることになる。

　現実の科学研究に関して生じたスキャンダルにクーンの主張を突き合わせて考えてみると、今日の科学をめぐる状況として、次のことが指摘されうるように思われる。すなわち、今日の科学研究においては、一方で、理論や概念が斬新であることや言説が巧みであること、論証や説明が精緻で説得力をもっていることが、過剰に重視されるような傾向がある。だが他方で、研究成果の正否は、最終的にはやはり実験や観察を通した検証によって決定される。今日の科学者の研究活動は、この二つの契機のあいだを往復する中で営まれていると見ることができるのではないか。

今日の科学技術に関しては検討されるべき課題が山ほどあるが、本書では、科学についてまわるこのような〝揺らぎ〟とも言える事象を特に意識しながら、過去の科学技術の歴史を振り返ることを試みたい。今日見られるこの〝揺らぎ〟が過去にも見られたのか、見られたとすれば具体的にどのような形をとって現われたかを検討することにしたい。

この〝揺らぎ〟の問題は、これまでの科学史研究の中で、過去の科学の業績に関してすでに取り沙汰されてきたと言うことができる。過去の科学の業績が、ありのままの事実を虚心に見ることよりも、それに先立つ説明や理論に基づくことによって形成されてきたことは、科学史家がこれまでしばしば指摘してきたところである。本書でも後にあらためて見ることになるが、たとえば「慣性の原理」という誰もが知っている法則は、アインシュタインとインフェルトがしばしば強調しているように[7]、実験や観察によって純粋に確かめられることはありえない。それにもかかわらず、この法則を認めなければ、物体の運動はほとんどすべて説明不可能になるため、この法則は科学者たちによって受け容れられ、科学者たちが共有する理論的前提となった。

では、過去の科学研究の中で、実験や観察は本当に大きな役割を果たしてこなかったのか、今日あらためて検討されなければならないであろう。ここで結論を先取りして言うことにすれば、実験や観察による検証は、過去の科学研究の中でたえず不可欠なものとして重視されてきたし、このことは今日も変わらない。だからこそSTAP細胞の成果が虚偽であることも暴かれたのである。この点については今日一般に誤解されている向きが強いようにも思われるが、現代の難解な科学理論は、単なる理屈の遊戯のようなものではない。現代の科学理論はときに秘教的にも見えるものであるが、それはむしろ実験や観察の結果をそのまま受け容れることによって成立したものにほかならないのである。

理論・説明と実験・観察とが乖離するように見えながらも補い合うという関係は、何とも微妙なもので、この関係が実際のところどのようなものであるかは、一度じっくり検討する必要がある。そしてそれは何より、過去に実際に行われた科学研究の中に探られるべきであろう。次にわれわれは、科学の歴史に目を向け、代表的な科学的業績の中でこの関係のあり様がどのようなものであったかを見ることにしたい。私自身は科学研究の仕事に携わったことはないし、科学史を専門的に研究したこともないが、今日科学史家たちによって夥しい数の書物や論文が著されており、手がかりに事欠くことはない。科学者や科学史家たちが明らかにしたことを参照しながら、この問題について考えることにしたい。

第二節　一七世紀科学革命

「科学」という概念ないし学問分野は、人類の歴史の中で決して古くからあったものではない。後にもあらためて述べるが、「科学者（scientist）」という言葉は一八三四年にはじめて文献に登場したことが、科学史家によって突きとめられている。したがって、人類の歴史の中で「科学」が今日とほぼ同様のものとして意識されるようになったのは、一九世紀前半のことだと考えられる。人類が「科学」に馴染むようになってから、まだ二〇〇年足らずしか経っていないことになる。「科学（science）」は人類の歴史においてかなり新しい存在である。

もっとも、言葉が登場するのとは別に、今日の言葉で「科学」に当たる営みが、それ以前にすでに始まっていたこともはっきりしている。それは一六—七世紀のヨーロッパで始まったことが、やはり科学史家によって突きとめられている。このことを明らかにしたイギリスの科学史家H・バターフィールドは、この時期にヨーロッパで近代科学が誕生した出来事を「科学革命（Scientific Revolution）」と呼んだ。「科学革命」という言葉をはじめて用いたのは、クーンではなくバターフィールドである。クーンの言う「科学革命」が特定の場所や時期に限られないものであったのに対し、バターフィールドの言うそれは、主として一六―七世紀のヨーロッパで生じた特定の出来事を指しており、それゆえ大文字で記される。この「科学革命」は、今日「一七世紀科学革命」と呼ばれるのが通例になっている。

すでにクーンに関して見たように、「科学革命」とは革命である以上、断絶をもたらすものにほかならない。それは、それ以前の自然探求が根本的に異質のものに変化することを意味する。バターフィールドによれば、一七世紀科学革命はスコラ哲学もアリストテレスの自然学も駆逐して、ヨーロッパ人の思考習慣や思考姿勢を根本から一変させた(8)。この点でそれは「キリスト教の出現以来他に例を見ない目覚ましい出来事(9)」であり、ヨーロッパの近代の真の生みの親にほかならない。

バターフィールドが挙げている科学革命の推進者は、コペルニクス、フランシス・ベーコン、ハーヴェイ、ガリレオ・ガリレイ、ケプラー、デカルト、ニュートン、ラヴォアジェといった人物たちである。本書は、これらの人物たちについて各論的に論じることを意図するものではないため、〝科学革命のクライマックス(10)〟たるニュートン物理学の成立を特に重点的に取りあげることにしたい。特に注目したいのは、ニュートンが自分に先立つ業績を集めて結びつけた結果、太陽系の惑星の運動に見事な説明を与えることができたことである。バターフィールドがまとめているところを見ておこう。

サー・アイザック・ニュートンは、まだ若く、大学を卒業したばかりのころ、一六六五―六六年に、……諸問題の一つ一つについて正しい推測を立て、つぎにそれらを接ぎあわせて互いにぴったり合うことをあきらかにするという、すばらしい考えをいだいた。彼は、天体が空間に浮かんでおり、それらもまた他のすべての物質粒子も互いに引力を及ぼしあっていて、その引力は互いの質量に依存し、互いの距離の二乗に反比例して変化する、という考えかたをうけいれた。また、近代的な慣性の原理をうけいれ、それを惑星に適用して、惑星はそのときそのときの運動を一直線上になおも続けていこうとするのだが、引力にひきとめられて曲げられ、楕円軌道を描くようになる……と考えた。彼は、月は……接線方向へとび去ろうとはするが、引力によってひきとめられているのだと想像した。そして計算により、月をその軌道にひきとめておくのに必要な「引力」は、重力に等しいこと――じっさいにリンゴを地面にひっぱっている力に、数学的に等しいこと――をあきらかにした。事実、リンゴを木の枝からひっぱりおとすのとおなじ力が……月をけんめいにひっぱっていたのである。(11)

ここで言われている内容を、月は一方でたえず地球に引っぱられ、地球に向かって落ちようとしているが、他方で直線方向に飛び去ろうとしているため、落ちきらずに地球のまわりを回る現象として描くことも可能であろう。リンゴが落ちるのを見てニュートンが万有引力を着想したという有名な逸話については、その真偽のほどが定かでない。「低い場所にあるリンゴが簡単に落ちるのに、あれほど高い場所にある月はなぜ落ちてこないのか」というのが、実際にニュートンの抱いた疑問だったという説がある。これに即して言えば、実は月もまたリンゴと同様にたえず落ちているのであるが、落ちきらずに地球のまわりを回ってしまうというのが、ニュートンの与えた解答だということになる。

朝永振一郎が紹介しているところによれば、ニュートンは『プリンキピア』とは別の『世界の体系について』という小冊子の中で、これとほぼ同様のことを述べているという。ニュートン自身の説明をここで見ておいてもよいであろう。ニュートンは図2―1に即して次のように述べている。

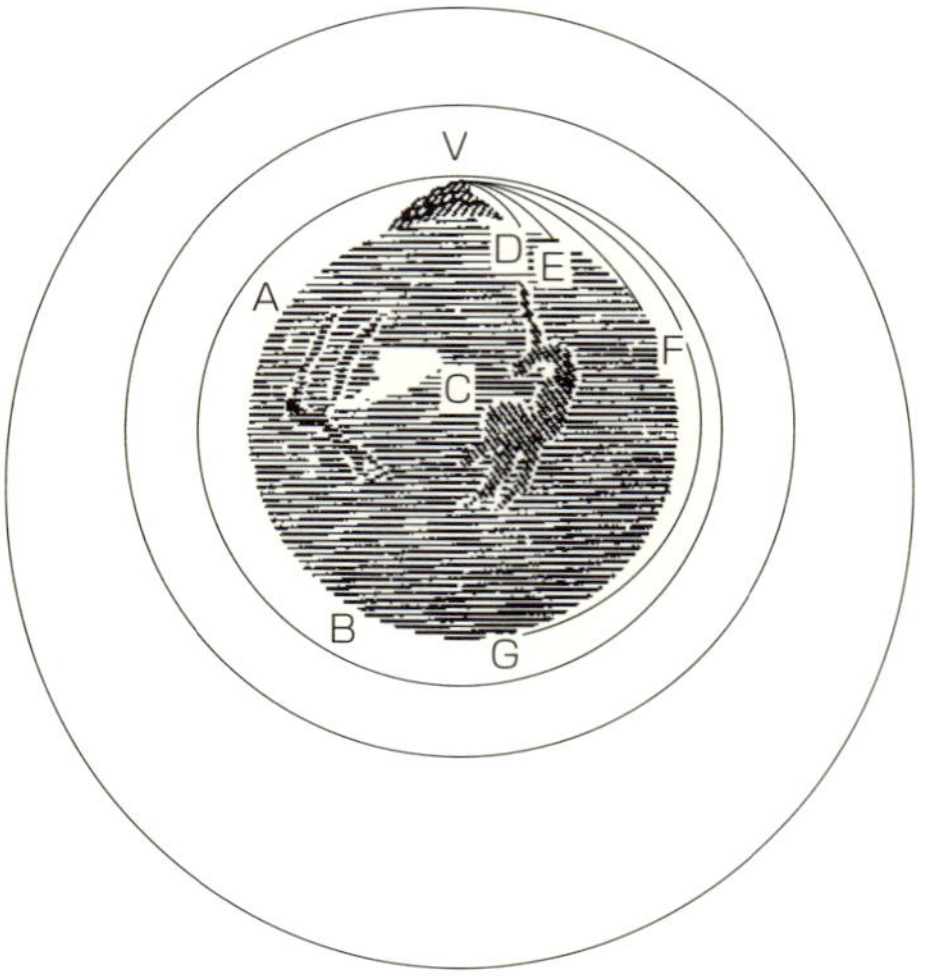

図２―１　十分な速さをもって投げられれば，石が地球をひと回りすることもありえる

出典：朝永振一郎『物理学とは何だろうか（上)』(岩波新書，1979年）109頁より.

いまＡＦＢを地球の面とせよ。その中心をＣとし、高い山の頂上Ｖから水平に物体を投げたと考えよ。曲線ＶＤ、ＶＥ、ＶＦはだんだんと速い速度で投げられた物体の描く進路であるとする。図に見られるように、投擲速度が大きくなれば、それにつれて進路はより長い弧を描き、落下地点はＤ、Ｅ、Ｆと遠方へ延びる。そしてＧまで行き、さらにそれ以上投擲速度を増すと、最後に進路は地球の大円を超えるであろう。そうなれば物体は地上に落下することなくふたたび山頂Ｖにもどってくるであろう[12]。

実際に今日、これとまったく同じ原理に従って、多くの人工衛星が地球のまわりを周回している。ロケット技術さえあればニュートンの時代でも人工衛星を飛ばすことができたと考えると、何やら独特の感慨を覚える人も多いであろう。

ニュートンによる惑星運動の研究は、三角関数の微積分法という高度な数学を駆使したもので、惑星の運動に完全といってよいほど正確な説明を与えた。ニュートンの説明の精緻さは、ずっと後の一八四六年、海王星が発見されたとき、これ以上ない仕方で明らかになる。当時、天王星の軌道が、ニュートンの計算による理論的測定値から外れていることが発見され、ニュートンの軌道計算が正しいとすれば、別の惑星が存在して天王星の動きに影響を与えているはずだという仮説が天文学者たちのあいだで立てられた。その後ほどなくして、観測の結果、予測された位置に惑星（海王星）が実際に存在することが発見された。

この出来事がニュートンの業績の偉大さを証明したことは言うまでもない。自然探究において理論的説明がいかに大きな役割を果たしてきたか、われわれはこの機会によく知らなければならないであろう。先にも述べたように、実際の科学研究は、われわれ素人が思っている以上に理論的な論証や説明に依拠している。海王星の発見という出来事は、まさにこのことを典型的に示す事例である。この場合、海王星の存在が観測によって確かめられるよりも、数学的な理論に基づいた説明のほうが明らかに先立っている。

ニュートンがこのように非常に精度の高い理論に基づいて、太陽系内の惑星の運動をほぼ完璧に説明してみせたことは、宇宙や自然の捉え方として固有のものを確立させることになった。すなわち自然を、オートマティックな運動を続ける自動機械として捉えようとする見方である。バターフィールドは、ニュートンが描いてみせた宇宙を「時計じかけの宇宙」と呼んでいる。

こうしてニュートンは、一種の時計じかけの宇宙を生みだした。この宇宙にあっては、神が一たび、いわばゼンマイをまくか、あるいは運動を開始させるかしてからのちは、全体系が自動的に動いていくようにみえる。(13)

このような宇宙においては、ある時点における物体の初期条件（質量、位置、速度）が決まれば、その物体がその後どのような運動を続けるのかは一意的に決定することになる。宇宙や自然をこのような自動機械として捉えようとする見方は、アリストテレスの自然学がとった見方とはもちろんまったく異なるものである。アリストテレスの自然学は、自然の中に見られる運動や変化を生命現象に似たものとして捉えようとするものであった。ニュートンによって完成された一七世紀科学革命は、これとは正反対の機械論的自然像を人々のあいだに浸透させてゆくことになる。

宇宙や自然が自動機械だということになれば、その中でどのような事象が生じ、またそれがどのような経過を辿るかは、神が全宇宙をはじめに創造した瞬間にすべて決定していることになる。そして、もしそうならば、偶然の出来事や未知の事柄はまったく存在しないことになる。このことを表すものとしてよく知られているのは、「ラプラスのデーモン」という仮想の全知全能の存在である。一八―九世紀フランスのニュートン主義者であったラプラス（一七四九―一八二七）は、世界の中で今後いかなる事象が生じるかはすでに完全に決定しており、それがあらかじめ知られなかったり偶然のことにしか見えないのは、われわれ人間が有限な存在であり、世界や自然についてわずかしか知ることができないからだと考えた。世界や自然の所与の状態や、それらを構成する物質、条件などをあますところなく捉えることのできる万能の知性がもし存在すれば、今後生じることをすべて見通して予言することができるとラプラスは考えた。このように仮想された万能の知性は、その後「ラプラスのデーモン」と呼ばれることになる。

ラプラスのこのような考えに本気で同意する人は稀であろうが、近代以降、自然を何らか機械に類したものとして捉えようとする傾向が強まったことは確かであろう。たとえば今日の医学は、人間や動物の身体を基本的に機械と見なす考え方に立って営まれている。バターフィールドが断言しているように(14)、一七世紀科学革命はそれ以後のヨーロッパで、物の運動に限らずあらゆる自然現象を機械論的に説明しようとする傾向を生じさせた。そしてその最大の理由は何と言っても、革命を完成したニュートンの理論が精緻で、信じがたいほどの完成度を備えていたところにあったと言える。

本節では、主としてニュートンによる科学革命の完成態について見られたため、例の科学の〝揺らぎ〟のことは十分に検討されるに至らなかった。次節でこの〝揺らぎ〟の問題に取り組むことにしたい。見られたところからすでに明らかなように、ニュートンの業績の重要な部分が理論的論証・説明によるものであったことは間違いない。しかもそれは、三角関数の微積分という高度な数学的技法によってはじめて可能になるものであった。だが、ニュートン自身が実験を行わなかったということはもちろんないし、ニュートンの業績が実験や観察からまったく離れたものであったということもない。次節でこの〝揺らぎ〟の問題について検討することにしたい。

第三節　慣性の法則の発見

ニュートンが描いた「時計じかけの宇宙」については、それを構成する枢要な要素としてもう少し検討されなければならないものがある。それは「慣性の法則」である。ニュートンの説明では、月は一方で直線状に飛び去っていなければならず、しかもこの運動をどこまでも続けなければならないとされる。このことが可能になるためには「慣性の法則」が成り立っていなければならない。それは言うまでもなく、静止している物体は静止した状態を続け、運動している物体は直線状に等速運動を続けるというものである。月にはある時、それをある方向に弾き飛ばす〝神の一撃〟が与えられたと考えられ、この運動は一度始まると止まることがないため、月は地球の周りを回り続けると考えられる。

「慣性の法則」は、義務教育の理科の授業で必ず教えられるため、われわれに馴染みの深いものである。それは今日、常識と見られて疑われることはなくなっていると言えよう。だがこの法則は、われわれが思い込んでいるほど自明のものではない。アインシュタインとインフェルトが何度も言及しているように、[15] この法則は実験と観察によって直接確かめられる性格のものではないからである。投げられた石が永久に飛び続けるのを見たことのある人はいないはずである。また床の上でコマを回すと、しばらくは回り続けるが、ほどなくすると止まってしまう。

だが、この法則を認めずにいようとすることは非常に難しい。この法則を認めなければ、近代以降の自然科学の成果はほとんどすべて否定されてしまうであろう。この法則を否定すれば、矢が飛び続けるというような単純な運動を説明することもできなくなってしまうからである。近代以前には、運動が生じているところには必ず力が加わっていると考えられたため、このような日常茶飯の現象すら、説明をつけるのが非常に難しかった。近代以前の理論に従えば、矢は弓を離れた瞬間にその場にポトリと落ちなければならないはずである。弓を離れてからは、矢は何物にも押されておらず、矢に力はかかっていないからである。ところが実際には、何回弓を弾いても、矢は間違いなく遠くまで飛ぶ。このことを何とか説明するために、古代ギリシャの自然学では、矢に押された空気が渦を巻くように後部に流れて矢を後ろから押すとか、弦の力が空気にもかかるため、空気が矢を後ろから押し続けるといった、非常に無理のある理屈がつけられなければならなかった。[16]

これに対して、見方をまったく変えて、一度運動を始めた物体は、妨げられない限り同じ運動を続けると考えれば、説明はずっと簡潔で整合したものとなる。運動は現実には止まってしまうが、それは空気の抵抗や地面との摩擦によると考えることで説明がつく。実際「慣性の法則」ほど近代科学にとって決定的で重要な概念はなかったであろう。この法則は、われわれの周囲にある身近な物の運動からはじまって、太陽系内の惑星の運動に至るまで、この世で生じる運動の大多数の説明を可能にした。ニュートンが描いた「時計じかけの宇宙」が慣性の法則を前提してはじめて構成されえたとすれば、慣性の法則の発見こそが近代以降の自然科学の全体的動向を決定したと見ることすら可能であろう。

さて、「慣性の法則」がこれほど大きな意味をもつものであるならば、それは一体どのようにして発見されたのか、ぜひとも辿られなければならないであろう。ただ、ここでも注意されなければならないのは、例の〝揺らぎ〟の問題である。すなわち、科学研究の成果が論証や説明の精緻さや説得力に主導されているように見えながらも、やはり最終的には実験や観察によって確かめられるという現象のことである。「慣性の法則」は、この〝揺らぎ〟が特に問題になる事柄である。というのは、先ほどから述べてきたように、この法則は少なくとも厳密な意味では実験や観察によって確かめられるものではなく、自然現象を説明するために理論的に要請されるものにほかならないからである。それは科学研究内で特権的な地位を得て、実験や観察による検証を免除されてきたような感すらある。だがそれにもかかわらず、それは近代科学が形成される上でこれ以上ないほど重要な役割を果たした。慣性の法則が実験によって検証される必要はないのかという問題は、一度は検討される必要があろう。

「慣性の法則」の成立について検討しようと思えば、何より参照されねばならないのはガリレオ・ガリレイの業績である。バターフィールドが言うように、「彼〔＝ガリレイ〕こそは、私たちが近代的な慣性の法則とよぶものの確立へむかってすすんでいた全過程を、ほとんど完成した(17)」からである。ここでわれわれは、しばらくガリレイによる研究の内容や成果について検討しなければならない。

もちろん検討はできる限り手早く行われることが望まれる。ガリレイの脳裏に慣性の法則が着想されたときの状況や事情に直接迫ることができるならば、それが最も望ましいであろう。だが、ガリレイの研究の内容を検討し始めるとまもなく分かることであるが、われわれの検討はそのような直接的なものにはなりえない。ガリレイが慣性の法則の着想に至る過程には、落体運動をはじめとする他の様々な問題に関する研究が絡んでいるからである。そのため、われわれの論究も間接的な道を行かざるをえない。確かな理解を得るために、ガリレイによる落体運動の研究を検討することから始めることにしたい。

ガリレイが落体運動について実際に述べているところを参照してみよう。落体運動が速度を次第に増加させてゆくものであることは、ガリレイ以前からすでに知られていた。この現象をガリレイは、『天文対話』の中で次のように記述している（図2―2を見ながら読んでいただきたい）。

三角形を考えればわれわれの考えをいっそうよく表すことができましょう。そこでその三角形をこのABCとしましょう。辺AC上に好きなだけ等しい部分をとり、これをAD、DE、EF、FGとします。そして点D、E、F、Gを通って底辺BCに平行な直線をひきます。そこでAC上にとられた等しい部分が等しい時間を表わし、点D、E、F、Gを通って引かれた平行線が等しい時間に等しく加速し増大する速さの度合を表わし、点Aは静止の状態であり、運動体はこの点から出発して、たとえば時間ADで速さの度合DHを得、つぎの時間に速さは度合DHから度合EIにまで増大し、さらにそれに続く時間に線FK、GLなどの増大につれていっそう大きくなるものと想像して下さい[18]。

まず、この図の描かれ方に注意しなければならない。今日風のグラフとは趣きが異なるものの、運動がこのような図で表されることには、今日のわれわれは大きな違和感をもたないであろう。ところがガリレイの時代には、このような図はやや異色だったようである。というのはバターフィールドも指摘しているように、ここには「問題を幾何学化または数学化する傾向[19]」が見られるからである。この図では、運動が点、直線、三角形といった、現実の知覚の中には与えられることのない幾何学的な思考装置を用いて表現されている。このようにして設定される運動の場は、やはりバターフィールドに倣って「ユークリッド空間[20]」と呼ばれてよいものであろう。こうした図に即して運動について考えようとする姿勢は、馬が車を引くことを念頭に置いて運動について考えようとしたアリストテレスの思考の中には存在しえないものだったと言えよう。アリストテレスが運動について考えようとしたときには、

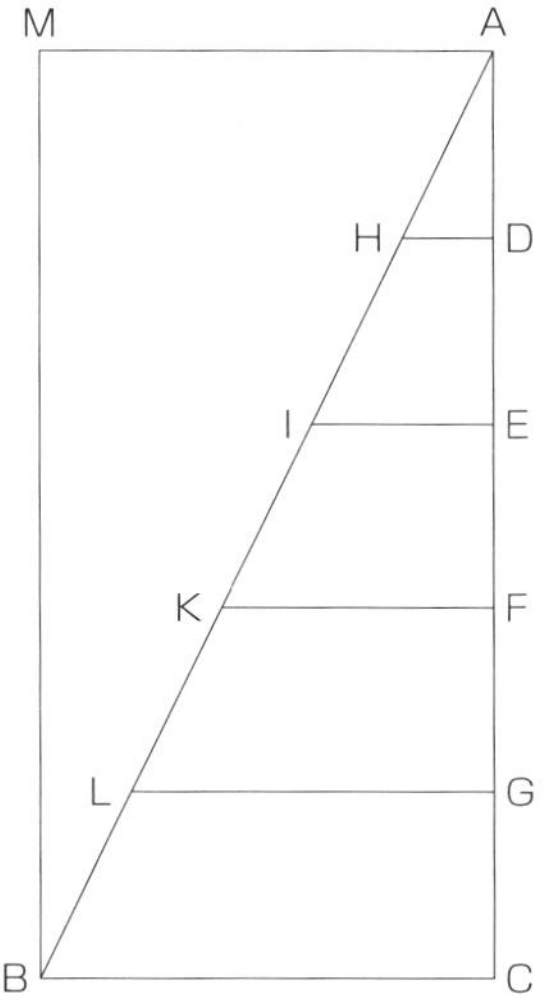

図２―２　ガリレイが描いた落体運動の図

出典：ガリレイ（青木靖三訳）『天文対話（上）』（岩波文庫，1959年）341頁より．

絵画的なものや情景的なものが脳裏に浮かんでいたと推測される。

もっとも思考法のこの程度の違いは、そこまで強調されるようなものではないという見方もありえよう。幾何学的な図を用いて運動を考えるということは、普通の人でも行いえることかもしれないし、村上陽一郎によれば、ガリレイの時代に図２―２と同様な図を用いる人はほかにもいたとのことである[21]。

だが図２―２に示されている内容には、これとは別の、決定的な思考の転換に由来するものが含まれていることを次に指摘しなければならない。それは、ガリレイが縦の直線Ａ―Ｄ―Ｅ―Ｆ―Ｇ―Ｃを、時間の経過を表わすものとして捉えていたことである。はじめから言われてしまうと大したことに感じられないかもしれないが、あらためて考えてみると、こうした捉え方は普通の人には思いつくことが難しいものだと言える。というのは、われわれの日常の感覚に即せば、Ａ―……―Ｃは、空間内に引かれる線分として見られるのが普通だからである。この場合には、Ａ、Ｄ、……

Cの各点は、落下する物体が空間内に占める位置であり、AD、DE、EF……といった間隔は、物体が移動した距離を表わすことになる。

だが、A——……——Cを空間軸と見なす限り、落体運動を正しく捉えることはできない。AD、DE、EF……といった諸間隔はすべて等しい長さを示しているため、A——……——Cを空間軸として捉えてしまうと、物体は等速度で移動しているように描かれてしまうからである。この図は、落体運動において速度が増加していくことを表わそうとするものであるが、A——……——Cを空間軸と見なしてしまうと、そのことが表現されなくなってしまうのである。

このパズルを解くために、ガリレイはA——……——Cを時間軸として捉え直した。先の引用箇所の中でガリレイが、「AC上にとられた等しい部分が等しい時間を表わし」ていると述べていることに注意されたい。図2—2の中のAD、DE、EF……といった間隔は等しい時間の長さを表わしているのである。このように空間軸を時間軸に読み換えるということは、一見考えられるほど容易なことではない。あるとき突然ガリレイの脳裏に新たな着想が生まれたといったことを仮定しない限り、理解できないことではないだろうか。村上によれば、ある時期まではガリレイもA——……——Cを空間軸として捉えていたことが確認されるという。[22] またデカルトのような人は、生涯これを空間軸としてしか捉えることができず、時間を軸にとるという考えをもつことはできなかったとのことである。[23] 指摘されることは少ないが、運動を記述するのに空間に換えて時間を軸にとることを着想したことは、ガリレイに類まれな天賦の才が備わっていたことを証明するものだと言える。

ともあれ、ガリレイの考え方の転換によって、落体運動の速度が次第に増加する現象が正しく捉えられるようになった。だが、これだけですべてが明らかになったわけではない。これまで見たところでは、図2—2から空間が消えてしまうことになるからである。物体が落下した空間的な長さ、移動距離はどこに行ってしまったのであろう

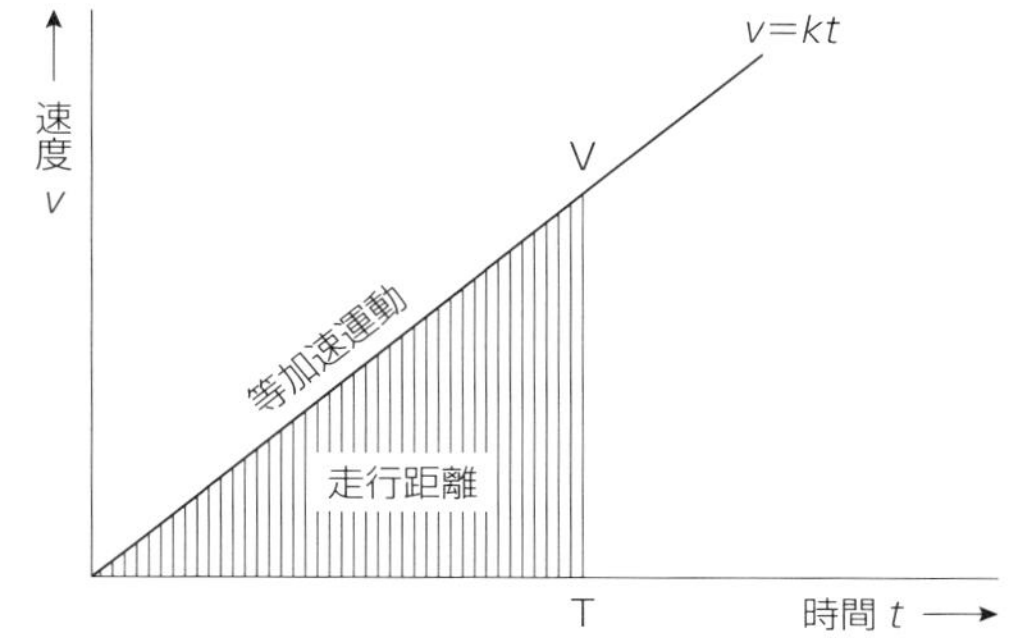

図2―3　等加速運動を表す現代のグラフ

出典：朝永振一郎『物理学とは何だろうか（上）』（岩波文庫，1979年）93頁より．

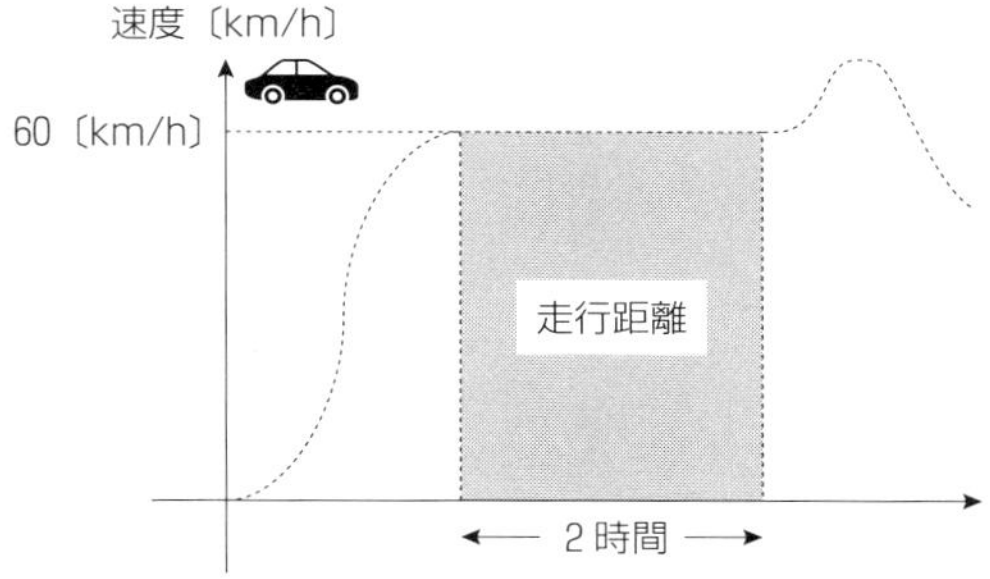

図2―4　自動車の走行を表すグラフ

か。今度は距離が図中のどこに表されるかが問題として生じることになる。

話を簡潔にするために、ここでは、今風のグラフに即して答えを先に述べることにしよう。図2―3の斜線部の面積が、落体運動の通過距離に当たる。このことをきちんと説明しようとすると、話がかなり難しくなってしまうが、差し当たっては、自動車の走行を例にとって考えると理解しやすいであろう（図2―4）。ある自動車が移動の途中のある区間をぴったり時速六〇キロメートルの速度で二時間走ったとしてみよう。言うまでもなく「時速」とは、一時間かけて進む距離を意味するから、車が等しい速度で移動を続けた区間の距離は「時速×時間」で表される。

この場合には、60〔km/h〕×2〔h〕=120〔km〕が当該区間の長さである。図の網かけの面積がこの長さに当たる。これと類比的に考えれば、図2—3に示されるような加速運動でも、斜線部の面積が距離を表すことになる。ガリレイもこのような類比に従って考えたかどうかは不明であるが、面積が距離を表すという結論は同じである。ガリレイ自身の説明を見てみよう。図2—2をもう一度見ながら辿っていただきたい。

線DA上にある無限の点に対応した、時間DA上にある無限の瞬間に得られる無限の小さな度合が通過されることは明らかです。ですから、……線DA上の無限の点からDHに平行に引かれると考えられる……無限の線を考えねばなりません。この線の無限性は結局、三角形AHDの面積で表されます(24)。

容易には理解しにくい内容になっているが、この箇所もガリレイがまぎれもない天才であったことを示すものである。内容理解のために朝永振一郎の解説を援用しよう。ガリレイが言おうとしているのは、「瞬間瞬間に物体がその速度で動いた無限小距離の総和が走行距離になる(25)」ということである。運動している物体は、言うまでもなく絶えず移動している。経過時間をどれだけ小さくとっても、物体は、微量とはいえ幾分かの距離を必ず通過する。したがって、いくら小さい時間内で考えても移動距離を0と見なすことはできない。物体が移動した距離とは、この無限小の移動距離が積み重なった総和だというわけである。すでに容易に窺われるであろうが、これは後にニュートンやライプニッツによって積分法として確立された考え方である。ガリレイはすでに独自に積分法を着想していたことになる。驚くべき天賦の才の発露だと言う以外にない。

運動の距離がグラフ内の面積によって示されるということになると、物体が落体した距離は時間の二乗に比例することが導き出される。図2—3で考えよう。斜線部の三角形の面積は、$1/2 \cdot kt \cdot t = 1/2kt^2$と計算される。ということは、落下距離は、1、4、9、16、25、36……という増え方で伸びてゆくことになる。したがって、このとき通過される地点間の間隔の長さは、1、3、5、7、9、11……という増え方で伸びてゆくことになる。次の箇所に表れているように、ガリレイはこのことにはっきり気づいていた。

落下する重い物体の運動は斉一的ではないこと、静止から出発してたえず加速することを考察しなければなりません。……等しい時間を区切って、もし第一の時間に運動体が静止から出発してある距離たとえば一丈を通過したとすると、第二の時間には三丈、第三の時間には五丈、第四時間には七丈、このようにつづいてそれにつづく奇数に従うのです。つまり静止から出発する運動体の通過するそれぞれの距離は、それぞれの距離が通過されるのに要する時間の自乗の比率になる、……というのと同じことです。[26]

『新科学対話』の中でガリレイは、このことを実験によって確かめたと述べている。[27] この実験はガリレイならでは着想に基づくもので、われわれはまたしてもガリレイの天才ぶりに驚かされることになる。この実験とは斜面上で物体を転がり落とすというものであった。斜面上を物体が転がり落ちる運動も、物が重力に従って下方に移動する点で、落体運動と変わらないとガリレイは考えたのである（斜面の角度が九〇度のとき、斜面上の運動は落体運動と合致する）。落体運動そのものを直接観察することによって、落体運動の距離の変化を確かめようとするならば、非常に難しいことになろう。それに比べて、斜面上で物体を運動させれば、物体がどれだけの長さを移動したかを測定するための方法が何らか見つかりそうに思えてこよう。

ガリレイは、長さが約七メートルで、表面を非常に滑らかにした斜面を用意し、そこに溝をつけ、その上で真鍮の硬い玉を転がり落とす実験をしたという。この玉も表面が滑らかで、形は完全な球形だったという。なお、その際他方で、経過した時間の長さを「水時計」を用いて測ったという。上方の容器からたえず均等に水が流れ落ちる装置を傍らに置き、下の容器にたまった水の量を見て、経過した時間の長さを測ったのである。今日と違ってストップウォッチ等の計器はもちろん、時計すらもない時代であったから、経過した時間の長さを目に見える仕方で測ることが容易でなかったことは言うまでもない。このような時代に何とかして時間の長さを知ろうとして独自の方法を考案するといったことは、ガリレイのような人にしかできなかったことではないか。こうした装置を用いたユニークな実験をガリレイは一〇〇回以上も繰り返したという。

そして、このような探究を経て、ガリレイはついに「慣性の法則」の発見に至っている。ただ、斜面上の物体の運動に関する考察がどのようにして「慣性の法則」の発見に結びつくのか、理解は一足とびには得られないであろう。これに関するガリレイの思考の足どりは、『天文対話』の叙述によって確かめられる。この書物は、サルヴィアチという人物とシンプリチオという人物とが対話をするという設定で書かれている。サルヴィアチという人物はガリレイの分身で、それが語る内容はガリレイの考えそのものである。それに対してシンプリチオという人物は古い自然学の信奉者で、アリストテレス的な見方で自然について考えようとする人を代表している。

『天文対話』の中で、シンプリチオはサルヴィアチの問いに導かれて、慣性の法則を認めるに至っている。完全な水平面の上で完全な球形の玉を弾いた場合、その玉はその後どのような運動をするかとサルヴィアチは訊く。それに対してシンプリチオは、弾かれた方向に等速の運動を永久に続けると答えている。(28) 玉が斜面上に置かれた場合には、斜面のもつ傾きが原因になって、滑落の運動に加速が伴うが、水平面には加速を生じさせる原因がもはや存在していない。運動に加速が伴うことはないから、等速の運動が続くという結論にシンプリチオは導かれている。しかも空気の抵抗をはじめとする障害はないと仮定されているので、この等速運動は永久に続くことも言われている。

このように現実には成り立たないことも含むものであるため、ガリレイがここで示しているのは「思考実験」と呼ばれてよいものであろう。今日われわれが常識的に理解している「慣性の法則」は、実験や観察によって発見されたものではなく、このような「思考実験」を通して論証的に導き出されたものにほかならない。

われわれはあえて回り道をしてガリレイの研究過程を瞥見し、ようやく「慣性の法則」が見出された地点にまで至り着いた。ここで例の〝揺らぎ〟の問題を思い起こされたい。科学研究は、たしかに理論的な論証や説明によって主導されるが、やはり最終的には実験や観察を通した検証を要するという現象のことである。ここまで見たところでは、「慣性の法則」は理論的な論証や思考実験によって導き出されたことが明らかになった。だが、これほど重要な法則が実験によって確かめられていないということであれば、われわれはそのことを何ら問題化せずに放置することはできないのではないか。「慣性の法則」の発見に関しては、われわれは検討をもう少し続ける必要があろう。次節で、ガリレイが行った実験をどう見るべきかを検討することにしたい。

第四節　近代科学における実験と観察

見られてきたようにガリレイの発見は、素人が思っているより以上に、新たな思考法に基づいて推論されるか、思考実験によって導き出されている。このことは、科学史家のあいだではむしろ常識になっていると言ってよい。数学的・幾何学的な思考装置を用いて自然を探究するという姿勢は、それ以前の伝統的学問には見られなかったものので、ガリレイの業績は「思考の帽子をとりかえて別の見方をすること」[29]ことによってはじめて可能になったのだと科学史家たちは考えている。

これに対して、ガリレイが行った実験や観察に関しては、科学史家たちの評価は高いものではない。ガリレイを本格的に研究したA・コイレ[30]は、先の斜面の実験がまったく粗末なものだったとして、ガリレイの実験の営みをかなり辛辣に批判している。またバターフィールドは、実験の成果に関してガリレイが報告していることをかなり疑っている。[31] ガリレイと同時代の人でも、メルセンヌのようにガリレイの実験報告に強い疑いをもつ人はいたようである。

だが、こうした評価はガリレイに対してやや酷すぎるものだと私は考える。こうした評価は、斜面の実験について「それは極めて精確なもので、幾回繰返してもその結果には目立った偏差は生じなかったのです[32]」とガリレイが述べているところに顕著に逆行している。ガリレイの口吻に突き合わせてみると、ガリレイの実験を無下に全否定することは難しいように思われる。ガリレイの実験報告に誇張があり、実際には精確な結果ではなく、近似値的な結果しか得られていなかったことは十分考えられる。だが、「物体が斜面を転がり落ちる運動の距離が、運動の時間の二乗に比例する」という大変に重大な事実が、近似値的ながらも実験によって確かめられたことには、十分な意義が認められるであろう。

たしかにガリレイは、「慣性の法則」を実験によって直接確かめてはおらず、思考実験に基づいた論証しか示していない。だがその理由は単純で、これまでも述べてきたように、「慣性の法則」はその性格上、実験による検証のしようのないものだからである。「等速運動を永久に続ける」ことを実験や観察によって確かめることは、いかなる手段を用いても不可能である。人間は時間的に有限な存在であり、〝永遠〟の相で運動が続くのに立ち会うことは絶対にできないからである。

斜面を用いてガリレイが行った実験は、慣性の法則をそのまま確かめるものではなかったものの、それを論証によって導き出すことを可能にした点で十分な成果をおさめたとわれわれは考える。それは、力が働いているときの物体の運動が加速的なものであることを確かめ、翻って、力が働いていないときの運動が等速のものであることを思い至らせるものであった。ガリレイの実験は、「慣性の法則」を精確に証明するものではなかったものの、証明に準じるものを与えたと言うことができる。

近代科学が実験を行う以前に、数学的・幾何学的思考によって実験を「方向づけ」、「組織化」することによって成功を収めたという科学史家の指摘[33]はもちろん非常に重要で、大変に啓発的である。実験や観察が重要であるといっても、自然現象をよく見さえすれば自然法則のような真理が捉えられるといったことは現実にはありえない。理論的論証や思考実験に基づく方向づけがないまま漫然と事象を眺めていても、雑多な与件が眼前に広がるだけで、何の洞察も発見も得られないであろう。

だがそれにもかかわらず、近代科学において実験がもつ意義は、やはり重大で決定的なものにほかならない。科学論者や科学史家の指摘に過剰に影響されて、近代科学の成立において実験や観察が果たした役割の大きさを見くびってはならない。一度むしろ素人の目線に立ち返り、神話や宗教的信念から離れることができたときに近代科学が成立したという常識的な見方に立ち返ることも必要であろう。ガリレイの著作を読むと、彼が実験や観察を好むどころかそれらに没頭する人物であったことは明らかである。これはバターフィールドも認めていることで、「ガリレオの姿を、一種の仕事場の中にいて、機械工を助手としてたえず物を作り、……また実験を続けて時を過ごしている人として描くのはまことにふさわしいことである[34]」と述べている。また、朝永振一郎はガリレイを、実験を非常に重視した人物と見なし、実験は「〔ガリレイ〕以前の人たちがほとんど気づかなかった強力な手法[35]」であったとさえ言っている。

同様のことはニュートンに関しても指摘されうる。先述したように、たしかにニュートンは高度な数学的手法を駆使することによって、惑星の運動に対して寸分の狂いもない説明を与えることができた。ニュートンが現した成果は、精緻な理論を提示したところにあったと言える。だが、ニュートンが説明を与えた惑星の軌道のあり様は、すでにはるか以前にケプラーによって解明されていたことを、われわれは知らなければならない。そして、ケプラーがこのような解明をすることができたのは、さらに先立って師匠のティコ＝ブラーエがきわめて長い時間をかけて惑星の軌道を観測してあったからであった。したがって、ニュートンが示した精緻な理論も、膨大な量の観測データを基礎としてはじめて導き出されるものだったのである。

さて、常識的に考えられてきたように、近代科学の成立が、やはり実験や観察を重視し、経験に忠実であろうとする精神に基づいていたとすれば、一七世紀科学革命の担い手として無視することのできない人物が一人いる。言わずと知れたF・ベーコンである。イギリス経験論の創始者と目されているこの人物は、まさに観察や実験を重視する思想を見紛うことなく表明したことで知られている。

人間は、……自然を解明するものとして、自然の秩序についてじっさいに観察し、あるいは精神によって考察したことだけをなし、理解する。それ以上のことは、知らず、またなすこともできない。(36)

経験こそ、他のものよりもずっとすぐれた論証である。ただし、それがどこまでも実験であるかぎりである。というのは、経験は、それに似ていると考えられる他の事例にまでもあてはめられるとき、それが正しく順序を追うて行なわれないなら、欺くからである。(37)

またベーコンに関しては、当時としては珍しく「機械技術」を称揚していたことに触れておかねばならない。実験や観察を通した自然研究を積み重ねて、実生活に役立つ実用的な知識を発達させることを、ベーコンは学問の目標と見なしたのである。ベーコンは、伝統的な学問においては論争や議論ばかりが繰り返されて、新たな成果を積み重ねて成長するような動きが見られないのに対し、「機械技術」は逆に着実な成長と進歩を遂げることができるという点で、すぐれた性格を備えていると述べている。

……〔哲学をはじめとする諸学は〕いつまでもたちどまって、同じ状態をつづけ、これというほどの進歩もせず、むしろそれらがはじめてつくられたときにもっとも栄えていて、その後は衰退した……。ところが、自然と経験の光とをもととした機械技術においては、それと反対のことがおこるのがみられるのである。すなわち、それらの技術は（盛んに行なわれているかぎり）生気にみちみちているかのように、たえず繁茂し成長する。そしてはじめは粗雑であっても、やがて役に立つようになり、またのちには洗練されるというように、たえず成長しつづけるのである。[38]

機械技術だけは着実な発展を遂げるとして、それに何より大きな期待をかける思想からは、当然、この発展を促すべく社会の体制を整えようとする考えが生まれる。ベーコンは『ニュー・アトランティス』という空想小説の中で、こうした体制が実現した架空の国家を描いている[39]。

一七世紀科学革命の動きを担った自然探究者が「思考の帽子をとりかえ」、数学的・幾何学的な見方に立って、自然現象を理論的に解明しようとしたことは確かである。だが同時に、ありのままの経験に従い、事象を実験や観察によって確かめようとする姿勢があったこと、実生活に役立つような技術革新が期待されていたことも忘れられてはならない。このことを踏まえた上で、次章以下では、その後の科学技術がさらにどのような歴史を経て今日にまで至ったかを辿ることにしたい。

注

（1）Kuhn, T., *The Structure of Scientific Revolutions*, Second Edition, Enlarged（The University of Chicago Press, 1970）, p. 187.

（2）*Ibid.*, p. viii.

（3）*Ibid.*, p. 186f.

(4) *Ibid.*, p. 182.
(5) N・R・ハンソン（村上陽一郎訳）『科学的発見のパターン』（講談社学術文庫、一九八六年）、一一頁。
(6) Kuhn, *op. cit.*, p. 43.
(7) A・アインシュタイン、L・インフェルト（石原純訳）『物理学はいかに作られたか（上巻）』（岩波新書、一九三九年）、一〇頁ほか。
(8) H・バターフィールド（渡辺正雄訳）『近代科学の誕生（上）』（講談社学術文庫、一九七八年）、一四頁。
(9) 同右。
(10) H・バターフィールド「ニュートンとその宇宙」、H・バターフィールド、W・L・ブラッグ他（菅井準一訳）『近代科学の歩み』（岩波新書、一九五六年）、所収、八八頁。
(11) 同右、八六頁以下。
(12) 朝永振一郎『物理学とは何だろうか（上）』（岩波新書、一九七九年）、一〇九頁以下からの再引用。
(13) 前掲、バターフィールド「ニュートンとその宇宙」、八八頁。
(14) バターフィールド『近代科学の誕生（下）』（講談社学術文庫、一九七八年）、一〇頁。
(15) 注(7)を参照。
(16) 前掲、バターフィールド『近代科学の誕生（上）』、二六頁、村上陽一郎『西欧近代科学』（新曜社、一九七一年）、一六一頁以下。
(17) 前掲、バターフィールド「ニュートンとその宇宙」、八一頁以下。
(18) ガリレオ・ガリレイ（青木靖三訳）『天文対話（上）』（岩波文庫、一九五九年）、三四一頁以下。
(19) 前掲、バターフィールド『近代科学の誕生（上）』、三八頁。
(20) 同右、二五頁。
(21) 村上、前掲書、二〇三頁。
(22) 同右、二〇二頁。
(23) 同右、二〇四頁。
(24) ガリレイ、前掲書、三四二頁。
(25) 朝永、前掲書、九四頁、九七頁。
(26) ガリレイ、前掲書、三三一頁以下。

(27) 以下の二つの段落の内容は、ガリレイ（今野武雄・日田節次訳）『新科学対話（下）』（岩波文庫、一九四八年）、四二—四頁に記されている。
(28) 前掲、ガリレイ『天文対話（上）』、二二六頁。
(29) 前掲、バターフィールド『近代科学の誕生（上）』、二五頁。
(30) Koyré, A., "An Experiment in Measurement", in: *Metaphysics and Measurement* (n. 29), p. 94. 佐々木力『科学革命の歴史構造（上）』（岩波書店、一九八五年）、一七七頁からの再引用。
(31) 前掲、バターフィールド『近代科学の誕生（上）』、一三四頁以下。
(32) 前掲、ガリレイ『新科学対話（下）』、四四頁。
(33) 前掲、バターフィールド『近代科学の誕生（上）』、一四七頁。
(34) 同右、一五〇頁。
(35) 朝永、前掲書、一七頁。
(36) フランシス・ベーコン（服部英次郎訳）『ノヴム・オルガヌム』、『世界の大思想8　ベーコン』（河出書房新社、一九七二年）、所収、二三一頁。強調引用者。
(37) 同右、二五二頁。強調引用者。
(38) 同右、二五六頁。
(39) ベーコン（中橋一夫訳）『ニュー・アトランティス』、同右、所収、四二八頁以下。

第三章　科学技術の歴史（Ⅱ）

第一節　啓蒙主義

科学技術の歴史をさらに見てゆくに当たって、科学研究についてまわる例の〝揺らぎ〟のことをいま一度思い出しておきたい。すなわち科学研究の成果が、論証・説明のもつ精緻さや説得力に主導されているように見えながらも、やはり最終的には実験や観察によって確かめられるという現象のことである。前章で見られたところによれば、科学の歴史の中では、この二つの契機はそれぞれニュートンとベーコンによって代表されると見ることができる。

ＳＴＡＰ細胞事件をめぐって明らかになったように、科学研究の成果の是非は、今日でも最終的にはやはり実験と観察によって決定される。このことはベーコンの主張にまったく合致している。ベーコン的な考え方は、科学研究の世界ではっきり息づいていると言うことができる。

〝揺らぎ〟を形成するもう一方の契機は、ニュートンに代表されると言ってよい。見られたように、ニュートンの業績は理論的論証のもつ威力を十二分に示すものであった。なおここで一点補足して、ニュートンの理論を可能にしたものとして、月や地球のような物体を〝点〟として扱う見方が確立したことに触れておきたい。惑星のような巨大な物体を〝点〟と見なすことは、あらためて考えてみると思考の大きな飛躍を伴うものであるが、こうした見方が成り立たなければ、惑星の運動を数学的・幾何学的に探究することは不可能だったはずである。バターフィールドによれば、[1]ニュートンは一六八五年に、惑星の質量がその中心（科学の用語では「質点」という）に集中していること、したがって惑星のもつ重力はすべてこの中心点から発していることを、数学的に証明することに成功している。「時計じかけの宇宙」の完成に至るための最後の難関が、この証明によって突破されたとバターフィールドは言う。このようにニュートンの仕事は、やはり精緻な数学的・幾何学的理論化を本分とするものであった。

一七世紀科学革命の後、この二つの契機は歴史の中で次第に融合してゆき、一体化して今日にまで至っている感がある。このような融合が生じた大きなきっかけとしては、一八世紀フランスの啓蒙主義思想家たちが、この二つをほかのイギリスの文物とともに積極的に移入したことが挙げられる。本節では、このあたりの事情を簡略に辿ることにしたい。

村上陽一郎によれば、一八世紀のフランスの思想家（啓蒙主義者）たちは「ニュートンの仕事をあっさり事実として、面倒な解釈ぬきに、受けとめ、自分なりの体系の中に積極的にとり入れようとした[2]」という。ニュートンの研究成果はイギリス国内でももちろん大きな称賛を集めたが、意外なことに、当時のイギリスの知識人たちにスムーズに受け入れられたわけではなかった。「万有引力」という、接触することのない物体の間で働くとされる力の原因は何か、このような神秘的な遠隔作用が本当に存在しうるのかといった問題が、知識人たちの間で深刻に受けとめられ、論議のテーマとなったからである。ただ、こうした純粋理論的な水準の議論はイギリス国内にとどまって、外国の知識人たちの関心を引くことはなかった。外国の知識人たちにすれば、ニュートン物理学のような偉大な業績が出現したということだけでも驚くべきことであり、それは当時のイギリスに見られたほかの先進性とともに賞賛の対象となったのである。それゆえニュートンの物理学は、イギリス本国においてよりも、むしろ他国においてこそ受け容れられていったと見ることができる。

ニュートン物理学をヨーロッパ大陸に移入するのに大きな役割を果たしたのは、ヴォルテールをはじめとするフランスの啓蒙主義哲学者たちであった。一七二六年に渡英を経験したヴォルテールは、そのときに受けたイギリスの印象を数年後に『哲学書簡』（『イギリス便り』とも呼ばれる）の中で表わしている。その中でヴォルテールは、非常に多くの紙幅を割いてニュートン物理学について論じている。意外にも見えることであるが、フランスの啓蒙主義者たちにとって、イギリスで生まれた文化的成果の中でニュートン物理学は非常に大きな比重を占めていた。ヴォルテールはニュートンを激賞し、その理論を生み出した発想の斬新さや先進性を、ことあるごとに強調している。そしてこれとは逆に、フランス人には珍しいことに、自国の探究者であったデカルトの自然学の成果を全面的に拒絶している。

このように、ニュートンの研究成果はフランスでしっかり受け継がれていった。では、もう一方のベーコンはどうだったであろうか。答えはまったくはっきりしている。ベーコンもまた、ニュートンと同様にフランスの啓蒙主義者たちによって最大限の賛辞を与えられ、その精神は大いに尊重されて継承されていった。それがはっきり見て取られるのは、啓蒙主義者たちが編集・刊行した『百科全書』においてである。フランスの啓蒙主義者たちが、いかにベーコンを尊敬し、その思想を継承しようとしていたかは、『百科全書』の冒頭にダランベールが記した有名な「序論」の内容を見るとき、見紛うことなく明らかである。

フランス啓蒙主義者たちによるベーコンの継承としては、人間の知識を系統づける体系がベーコンからほぼそのまま受け継がれていることが何といっても大きい。ベーコンは人間の学問の部門として、「記憶が関係する歴史」、「想像力が関係する詩」、「理性が関係する哲学」の三つを挙げていた。(3) この三つの部門は、『百科全書』では順番が変えられ、「記憶―歴史」、「理性―哲学」、「想像力―詩」の順に並べられている。順番が一部変えられているだけで、ベーコンが考えた知の秩序や系統性はほとんどそのまま引き継がれている。『百科全書』はベーコンの思想をグラウンド・コンセプトとして編纂されたのである。思想史において非常に稀有な現象であるが、フランスの啓蒙思想家たちは自らの思想や哲学を、先行者であるベーコンを徹底的に引き継ぐことによって形成していったのである。このことをバターフィールドは「ベーコンはフランスの百科全書派のいわば守護聖人に選ばれた[4]」と表現している。

したがって、ベーコンが表明した観察と実験の精神も、当然、同様に重視され継承されている[5]。そして、もう一点われわれが注目しなければならないことがある。それは、ベーコンが「機械技術」について述べていたことに関わる。ベーコンは、伝統的学問が不毛な論争や議論を繰り返して停滞するのに対して、「機械技術」は着実な成長と進歩を遂げることを強調していた。

ダランベールが書いた『百科全書』の「序論」を見ると、この見方も見誤りようのないほどはっきりフランスの啓蒙主義者たちに引き継がれたことが分かる。ダランベールは、確固とした規則で整序された知識体系をすべて「技術（arts）」と呼ぶことを宣言した後、それを「自由人の技（学芸）」と「手職的な技（工芸）」とに区別する。前者は、簡単に言えば、精神の天分に恵まれた者のみが実践できる学問的探究のことである。今日では、細分化された諸分野の内部で営まれる専門的研究がこれに当たるであろう。高い知的能力が必要とされる営みである。それに対して後者は、手作業と熟練の技をもって行われる職人の営みのことである。ダランベールによれば、これまでは両者の間に優劣の差がつけられ、前者に優位が認められて、後者には低い価値しか認められてこなかったという。

だが、いまやこの序列を見直し、「手職的な技（工芸）」にも高い地位を与えなければならないとダランベールは言う。それは有用性が高いという点で、「自由人の技（学芸）」に劣らない価値をもつからである。またこうした機械技術は、複数の機械を組み合わせて高度な機械を作製し、それまで考えられなかったことを可能とする点でも大きな意義をもつという。ダランベールは、円錐滑車と逃がし止め、時鐘装置などが組み合わされて、高度な時計装置が発明された例を挙げている。こうしたことを成し遂げた天才は、「自由人の技（学芸）」において名を残している天才と同様に称揚される資格をもつとダランベールは言う。

機械の中には、発明者がひとり以上いると考えるのが困難なほど、きわめて複雑で、しかも各部分がすべて相互に依存しあっているようなものがいくつかある。この類まれな天才の名前は忘却の中に埋められているが、彼こそは、学問においてわれわれに新しい道を開いてくれた数少ない創造的精神と並んで置かれるのに十分ふさわしい人物ではなかったろうか。(6)

ダランベールは、複数の機械の統合を成し遂げた天才的な人物に、これまで然るべき名声が与えられてこなかったことを嘆いているのである。

ダランベールが嘆いている状況は、今日には当てはまらないものである。エジソンやライト兄弟といった人物たちの名前は今日誰もが知っており、もちろん彼らには大きな名声が与えられている。ダランベールの議論からは、当時の学問の序列や位階が今日のそれとは大きく違っていたことが窺えて興味深い。今日ではむしろ、哲学のような伝統的学問のほうが低く評価される傾向が強いといえる。私事になってしまうが、特に大学院生時代の私は、自分が哲学を専攻していることを人に言いにくいように感じることが多かった。「そんな役に立たないことを勉強して何になるのだ」という類のことも時に言われた。

こうしてみると、フランスで啓蒙主義が隆盛した時期は、時代の大きな転換期であったと見ることができる。啓蒙主義思想家たちは、ベーコンに倣って機械技術の価値を強調し、学問の伝統的な序列や位階の転換を図った。そして『百科全書』を世に出すことによって、この新たな価値観を民衆のあいだに浸透させ、機械技術に導かれて進歩するような社会の構築を企図した。刊行から半世紀も経ずにフランス大革命が勃発したことを考えると、啓蒙の気風は成熟を遂げて価値観の転倒にかなりの程度成功をおさめたと推測される。啓蒙主義の時代にはたしかに大きな転回が果たされたのであり、啓蒙の動きは今日的な科学技術を成立させる大きなきっかけの一つだったと考えることができよう。

本節を閉じるにあたって、ベーコンとニュートンとが融合するとき、重大なことが帰結することを指摘しておきたい。それは、自動機械として存在する全自然、全宇宙を、人間は機械技術によって完全に支配しうると考えるような見方が生じることである。機械を制御する技術が進歩を続ける限り、いずれ技術の制御力が、自動機械たる全自然、全宇宙にまで及び、すべてを人間の意のままにすることもできるかもしれないという期待も高まるであろう。この考えは実際に生じて存続し、今日の人類がほぼ共有している《科学技術主義》に至っていると見ることができる。

そしてもう一つには、自然は自動機械であるがゆえに、機械の動きを説明するような理論によって隈なく解明されるはずだとする見方が生じうるであろう。すでに触れたように、実際にラプラスが基本的にこれと同じ見方を取った。フランス人であったラプラスがこのような見方をとったことは偶然ではないであろう。啓蒙主義が隆盛したフランスではこうした見方が優勢になっていたと考えられる。

こうしてみると、イギリスにおいて完成をみた一七世紀科学革命の成果は、その後フランスに移入されて成長と成熟を遂げていったと見ることができる。そして、それを証拠だてる出来事もフランスで実際に生じている。それは化学の分野においてラヴォアジェが成し遂げた革命である。イギリスにおいてニュートンが完成した物理学の革命に約一世紀遅れているため、バターフィールドはそれを「遅れた科学革命」と呼んでいる(7)。次章ではこの「化学革命」の内実について見ることにしたい。

第二節　ラヴォアジェによる化学革命

われわれが身近に接する物質がどのような性質のものか、また、それを構成している微細な粒子はどのような状態にありどのような動きをするかといったことは、もちろん自然探究上の重要な問題である。この方面の探究は数多く積み重ねられてきたし、とりわけニュートン物理学が誕生した後には、こうした問題を機械論的に解決しようとする試みが繰り返されることになった。ただこの方面の研究には、混乱を含んだものや要領をえないものが多く、化学の分野は無政府状態の様相を呈していたようである。

そのような状態にあって、ある人物が突如として混乱を収拾し、すべてを整理してまとめあげる仕事をやってのけた。その人物がラヴォアジェであった。「鶏群の一鶴という趣きで現れたある人物が、雑然と投げ出されたはめ絵の断片を一瞥するや、たちまちそれを並べ変えてすっきりまとめ上げた」[8]とバターフィールドは言っている。ここからは、ラヴォアジェの業績がいかに画期的で鮮烈な印象を残したかが伝わってくる。

ラヴォアジェは、物を燃焼させたり、金属を炎で熱したりすると、そこに空気の特定の成分が流れ込んでゆくこと、またその成分が、人間が呼吸する空気の最も純粋な部分であることなどを突きとめた。また、この成分が非金属的な物質と結合すると酸を生じさせることを発見し、酸の元となる物質という意味でこの成分を「酸素」と名づけた。

なおラヴォアジェの業績は、「科学革命」の典型例としてクーンが好んで取り上げるものの一つである。現象を捉えるときの見方がきれいに正反対のものに変わったケースであるため、「パラダイム・シフト」の好例になるからであろう。ラヴォアジェの理論が確立する以前には、物の燃焼においては、物の実質のうちの何かが炎という形で逃れ出るという考えがとられていた。燃焼の過程で物は分解し、より基本的な要素に分かれてゆくと考えられた。こうした考えは観察から素直に導き出されるものであり、古くから探究者たちによって採用されてきた。その原型はアリストテレスの理論にまで遡る。ただ、この考えが明確に理論化されたのは古いことではなく、一八世紀中葉のことで、ラヴォアジェの理論が出現するほんの数十年前である。ドイツ人化学者のG・E・シュタールが古来の理論を練り直し、炎を構成する物質を「フロギストン（phlogiston 燃素）」と名づけた。フロギストンはひとつの実質的な物質、固体で脂肪質のものであり、燃焼する物から放出して炎の形をとった後、空気と結合するとされた。場合によっては、その一部が煤《すす》の形をとって残ることがあるとも言われた[9]。

だが、フロギストン説には大きな難点があった。物を燃焼させたり、金属を熱したりすると、その残滓のほうが元の物よりも重くなることが分かっていたのである。これはフロギストン説とまったく矛盾する現象にほかならない。フロギストン説では、燃焼した物から実質的な成分が抜け出てゆくとされる以上、残った物は軽くなるはずだからである。

バターフィールドが辿っているところによれば、ラヴォアジェ以前の化学研究は、この矛盾に直面していたにもかかわらず、フロギストン説をどうにか維持しようとして、非常に無理のある説明を様々に試みていたという。フロギストンが抜け出た後には物の密度が増すという説や、フロギストンは負の重さをもつという説すらあったという[10]。この時期の化学研究には、このように混乱を含んだり要領を得ないような説が乱立していたようである。また科学研究の現場においては、まったく明らかな矛盾に行き当たっても、既存の理論がなかなか放棄されないことも分かるであろう。ラヴォアジェ以前の状況を辿ったバターフィールドは、この現実を再確認して驚きを新たにしている[11]。科学研究は通常、既存の学説に強固に拘束されるものなのであり、この拘束を解き放つことは後の時代の者が考えるほど容易ではないのである。

このように化学研究が多くの無理を重ねて無政府状態に陥っていたとき、かねてからフロギストン説に対してかなり懐疑的な見方をとっていたラヴォアジェが、ついにこの説を放棄するべきことを主張した。そしてこのとき、多くのパズルが一挙に解かれることになった。物を燃焼させたり金属を熱したりする過程で、空気中の非常に重要な成分が物と結合するという、以前とは正反対の考え方をとったとき、化学研究に混迷をもたらしていた様々な矛盾が一挙に氷解していったのである。化学研究においてラヴォアジェが果たした役割は、物理学においてニュートンが果たしたそれに匹敵すると言えるほど大きなものであった。

なお、ここで検討しておきたいことが一つある。それは、ラヴォアジェがもたらした革命がニュートンのそれよりも約一世紀も遅れたのはなぜか、という問題である。「近代化学が独立するまでになお一世紀を要したことについては何らかの歴史的説明が必要となる[12]」とバターフィールドは言っている。ただ、このように問題提起しているバターフィールドは、他方で自らの解答をすでに与えているように思われる。別の箇所で彼は「実験が最大の支配力をもっているような科学の分野……では、近代的形態に達するのがもっとも遅れたとは言わないまでもいちじるしく遅かった。……錬金術が化学となり、その化学が……変わるまでには、まだまだ時間を要したのである[13]」と述べているからである。すなわち化学の分野では、実験の実施が難しかったため、研究がなかなか進まなかったというわけである。バターフィールドによれば、化学研究を行うためには複雑な実験装置が必要となるため、そうした装置が発明・開発されるまで、まともな研究は成り立たなかったという。

物理学等に比べて、化学研究では実験が非常に難しかったことは容易に想像できる。運動を研究するためには、よく磨いた金属球や滑らかな斜面を用意すれば、不完全ながら実験は可能である。だが化学においては、空気のような捉えどころのないものが探究の対象となるため、実験や観察を行おうとすれば、そのための特殊な装置を創作することがまず必要となる。気体を採集する方法や天秤の使用、そのための器具製造の一般的改良[14]、空気ポンプの発明や空気を固定する技術の開発等々[15]、バターフィールドが挙げているところを見るだけでも、ラヴォアジェに至るまでに実に様々な方法や装置の開発が必要であった次第が分かる。またラヴォアジェ自身も、化学研究の混乱した状態を整序し、首尾一貫したものにするためには、方法や装置を大々的に改めながら実験を積み重ねる必要があることを力説していたという。

科学研究についてまわる〝揺らぎ〟とわれわれが呼んできたものを、またしても思い出さなければならない。科学研究を主導するのは理論的説明であるが、実験と観察による検証はやはり不可欠だという事象のことである。ラヴォアジェの仕事からは、科学研究において実験が決定的である次第が見紛うことなく明らかになっていると言うことができる。バターフィールドによれば「彼（＝ラヴォアジェ）の実験結果はしばしば、彼の言うほど正確なものではなかったし、彼はまた、まだ予測の段階にあるものを証明もせずに発表したり[16]」したというから、ラヴォアジェは、すべてを実験で確かめようとしたり、実験結果に杓子定規に従おうとするタイプの人物ではなかったと考えられる。

だがこのことは、ラヴォアジェが実験を軽視したということを何ら意味しない。彼は一方では、実験の集積の重要性を強張していたからである。ラヴォアジェは、他の研究者の実験結果からヒントを得たり、自分の説の論拠を他の人の実験結果に求めることも多かったという[17]。それゆえラヴォアジェは、実験に没頭するタイプではなかったかもしれないが、実験を非常に重視する人であったことは間違いない。実験や観察に先立つ「方向づけ」や「組織化」を行う上で、他の人に見られなかった発想をとることができたところに、ラヴォアジェの個性が最もよく現れたことはたしかであろう（この点ではガリレイに似たタイプの人物であったと思われる）。だが同時に彼は、実験や観察による検証が決定的に重要であることを忘れたことはなかったのである。

こうしてみると、ラヴォアジェによって「遅れた科学革命」「化学革命」が成就された理由は、やはり何といっても、様々な器具や装置、方法等が時代とともに進歩・発達して、実験と観察による検証の成果が積み重なったところに求められるであろう。このための時間がニュートン物理学の完成の後一〇〇年近く必要だったことになる。そして、この動きの底流に、実験や観察を重んじるベーコンの思想が生き続けていたことも、疑いないことであろう。また、実験や観察を進歩させる機械技術が発達したことも、ベーコンの思想に合致している点である。

この動向はそれ以後も続き、その結果、自然探究のあり方も大きく変容してゆくことになる。この変化は科学史家たちによって大規模で決定的なものとして見られるようになり、やがて「第二次科学革命」と呼ばれるようになった。次節では、これについて見ることにしたい。

第三節　第二次科学革命

村上陽一郎は「今私たちが『科学』と呼ぶ知的活動が西欧に成立したのは、一九世紀のことだった[18]」と断言している。この指摘は、これまでわれわれが見てきたことと矛盾するように見えるが、村上が言おうとしているのは、これまで見られてきたガリレイ、ニュートン、ラヴォアジェといった人たちの営みが、今日われわれがイメージするような「科学」の営みとはかなり異なっていたということである。たとえばニュートンの性格や活動には、かなり宗教的ないしは魔術的な要素も備わっていたことが知られている。

そして大変に意外なことであるが、これらの人物たちは生前に「科学者」と呼ばれたことが一度もなかった。理由はまったく単純で、そもそも「科学者」という言葉が存在していなかったからである。「科学者（scientist）」という言葉はイギリスのヒューエルという人物によって造られたもので、一八三四年にはじめて用いられたことが突きとめられている。この言葉はもちろん「science をする人」を意味するものであるが、このような言葉が造られたということは、単に語彙の増加を意味するものではない。

“science”という英語は、以前はラテン語の「スキエンティア（scientia）」と同じように、広く「知識」や「学問」を意味していたもので、今日のように「科学（サイエンス）」を意味する語ではなかった。ラテン語の“scientia”は、「知る」を意味する“scio”から派生した語であり、広い意味の「知識」を表す語であった。

これを営む人という意味で“scientist”という言葉が用いられるならば、この言葉は、分野に関係なく学問を営む人すべてに当てはまるはずであろう。だが、この言葉が実際には一八三〇年代に登場した新語であったということは、“science”という言葉の意味がこの頃、それまでとは異なるものに変化したことを意味している。この変化にはヒューエルの知的活動と知的関心が関わっていたと考えられる。

ヒューエルはケンブリッジ大学で非常に広範な分野にわたって精力的な研究を行った人物で、文学、神学、哲学などの伝統的学問を研究しながらも、同時に、当時新しい知識系として勃興しつつあった化学や金属学などに強い関心をもった。ヒューエルは、当時ドイツなどでこうした新しい学問分野が組織化されている事情を知って、それが来たるべき社会の重要な財産になることを予感していた。ヒューエルはこの学問部門の振興を図らなければならないという課題意識を強くもったため、この新しい部門を特別視してそれに“science”という言葉を当てるようになった。ヒューエルは、何よりこの新しくて重要な分野に、知識体系・学問体系としての“science”の資格を認めたのである。(19)

当時、組織化・体系化が行われるまでに進んでいた化学や金属学といった分野は、もはやアマチュアが片手間に携わることができるようなものではなかった。それは、高度な専門知識を身につけたプロフェッショナルだけが関わることのできる、特殊な領域を形成していた。今日営まれている「科学」にかなり近いものが出現していたと考えられる。またヒューエルが“scientist”という言葉をわざわざ造ったことは、“science”という新しくて重要な分野を研究する人々が当時かなり見かけられるようになった社会的状況を反映していると言えよう。これらの人々はプロフェッショナルとして研究活動を行う人々であり、その活動はすでに職業的なものであったと考えられる。職業として成り立つということは、社会がそれを必要としているということであり、したがって、社会の中に居場所が与えられていることを意味する。

このように今日いわれるような「科学」が成立し、「科学者」が登場するようになった変化は、科学史家たちによって「第二次科学革命」と呼ばれるようになった。「第二次科学革命」とは、いま見たように、一七世紀の「第一次科学革命」で見られた変化とは大きく違って、自然探究が社会に受け容れられるようになった現象を意味している。問題になるのは社会との関わりであり、科学が社会に認められて居場所を得た現象は「科学の社会化」とも呼ばれる[20]。

そして、これに関連してよく言われるのは「科学の制度化」ということである。科学が「社会化」されるということは、同時に、科学研究を支えるような社会的な制度がつくられることを意味するからである。「制度化」の具体的な内容としては、（1）科学研究を職業とする専門家集団が成立したことと（2）理工系の上級教育機関や大学の理工系学部など、科学研究を教育する組織が設立されたこと、を特に挙げることができる。こうした事柄の内実を知ることは、今日の科学のあり方を考えるためにぜひ必要だと思われるので、次に具体的に辿ってみたい。

（1）学会の成立

科学に限らず、学問研究の専門家集団は今日「学会」と呼ばれる。その原型が成立したのは「第二次科学革命」の時代よりもはるかに古く、ニュートンも所属していた「ロイヤル・ソサエティ」が初期のものとして有名である。一六六〇年にロンドンで設立されている。またこれに刺激を受けて、絶対王政下のフランスでは、一六六六年に宰相コルベールの肝煎りで「科学アカデミー（アカデミー・デ・シャンス）」が創設されている。
もっともこれらの集団は本格的な研究者集団とは言えないもので、今日言われる「学会」とは根本的に異質なものであった。またロイヤル・ソサエティは一九世紀には形骸化しており、実質的な活動を行わなくなっていたという。[21]

これに対して、一九世紀の第二次科学革命の時期に成立した「学会」は、プロフェッショナルの「科学者」たちをメンバーとする本格的な研究者集団であった。今日風の「学会」は、これまで見られたところからすると意外なことに、ドイツで生まれている。科学史家が突きとめているところでは、ドイツの生物学者L・オーケンが一八二二年に創設した「ドイツ科学者・医学者会議」が、今日いわれる「学会」の嚆矢にほかならない。そして、この学会に刺激を受けて、イギリスでもロイヤル・ソサエティとは異なる今日風の学会が設立されることになった。一八二八年にベルリンで開かれていた「ドイツ科学者・医学者会議」の研究大会を、イギリスの数学者バベジが傍聴している。病気療養のためにヨーロッパ大陸を旅行していたバベジは、偶然この研究大会に参加する機会を得たのである。イギリスの数学が大陸諸国のそれに比べて水準が低いことを日ごろから痛感していたバベジは、プロイセン国王も臨席している場で意気盛んに議論する「科学者」たちの様子を目の当たりにして、強い衝撃を受けたという。

帰国後バベジは、思いを同じくする科学者たちとともに「イギリス科学振興協会（British Association for the Advancement of Science: BAAS）」を設立する（一八三一年）。ＢＡＡＳはその名のとおりイギリスを代表する学会となって、今も存続している。またＢＡＡＳの設立をきっかけとして、フランスでも同様に学会が創設される動きが生じている。ＢＡＡＳのような総合学会とは異なるタイプの、個別分野に関する専門学会も、数多く設立されてゆくことになった。

学会においては、研究上の情報交換が行われる以外に、研究大会が開催され、学会誌の刊行も積極的に行われるようになっていった。会員による研究発表の場を確保すると同時に、研究内容を一般に公開することが意図された。また学会誌に投稿された論文については、掲載されるためには分野を同じくする専門家の審査を通過しなければならないという制度もつくられた。「学会」がこのように強固な組織として確立したということは、科学研究がもはや個人的な活動としてではなく、社会システムの中に組み込まれて集団的に営まれるようになったことを意味する。「科学の制度化」、すなわち、科学が社会内の制度として確立する現象は、一つには、このような学会の組織化という形で生じた。

（2）大学の変容

今日、科学研究が大学の理工系学部で行われるのは当然のことと見られているが、意外なことに、かつては自然探究と大学が結びつくことはむしろ稀であった。デカルトは大学と直接関わることはなかったというし、ガリレイの裁判においては、大学人はガリレイを弾圧する側の陣営にいたという。またニュートンは、ケンブリッジ大学の教授職についたとはいえ、大学内では理解者が少なく、代表的な研究業績は大学とは切り離されたところで仕上げられたという。

これに対して、第二次科学革命以後の科学研究は、これとまったく異なる状況下で営まれることになった。科学研究の営みは、高度な専門知識を所持したプロフェッショナルの研究者にしか認められなくなったため、科学研究を志す者はプロの「科学者」としての資格を得なければならなかった。そしてそのために、高度な専門知識を教え、科学者としての技量を身につけさせる特殊な教育機関が必要になったことは、理の当然であった。啓蒙主義とラヴォアジェの「化学革命」を生んだフランスでは、一七九四年という早い時期に、「エコール・ポリテクニク」という上級教育機関が革命政府によって設立されている。数学や幾何学を教えながら同時に技術者養成を目指す、当時としては珍しいカリキュラムに基づいた教育が施された。科学研究に必要な知識を習得させると同時に、それを技術開発に結びつけようとする、特殊な上級教育機関の奔りであったと言えよう。

ただ、こうした高等教育機関が本格的に設立されるようになっていったのは、どこよりもドイツにおいてであった。特筆すべきなのはギーセン大学で、そこでは新進の化学者リービッヒが実験室で精力的に実験を行って、研究を強力に推進していった。リービッヒは多くの学生を人手として活用しながら実験や研究を推進すると同時に、学生を精力的に教育して大きな成果をあげていった。その結果ギーセンは「世界の化学者製造工場」と呼ばれるに至った。この頃、科学革命の祖国ともいうべきイギリスが、後発国であったドイツの状況から刺激を受けるようになったことには先にも触れたが、ギーセン大学をめぐっても同様のことが生じていた。この頃のギーセン大学にはイギリスからも多くの留学生が学びにきており、科学を志すイギリスの青年たちにとっては、ドイツ留学が一種の登竜門にすらなっていたという。

一七世紀科学革命を完成したニュートンの祖国イギリスの学生が、後発のドイツに「科学」を学びに来るというのは、顕著に逆転した現象で、印象深いものを感じさせる。こうした状況が生まれた要因としては何よりも、ドイツで大規模な大学改革が行われたことを挙げなければならない。一九世紀、フランス大革命とナポレオン戦争から甚大な影響を受けたプロイセンでは、大学をそれまでとは異なるものに改革してゆこうとする動きが生まれた。この動きは、フンボルト兄弟によるベルリン大学の創設（一八一〇年）に象徴される。兄ヴィルヘルム・フォン・フンボルトは、宗教公教育庁長官の職にあった一年半ほどの間に、ベルリン大学開設を準備した。ベルリン大学は、それまでの大学とまったく異なり、たえず独創的な研究成果を産み出してゆく大学、学問（Wissenschaft）の営みを実践する大学として構想された。

ギーセン大学の隆盛は、こうした動きと強く結びついていたものであった。一八二四年、当時二一歳のリービッヒを推挙し、ギーセン大学に教員として任用するように働きかけたのが、ヴィルヘルムの弟アレクサンダー・フォン・フンボルトだったからである。多方面の自然探究に関心を抱いていたアレクサンダーは、大革命後のパリの科学者共同体に魅了されて関わりをもっていき、その中でリービッヒと偶然知り合っていた。このときのリービッヒは、ゲイ＝リュサックに師事して当時最先端の化学研究に携わっていた。

ギーセン大学のリービッヒのもとでは、学生たちが新たな研究成果を精力的に発表して、競って業績をあげようとしていった。たえず新たな発見を示して、自らの成果を誇示しようとすることは、今日、科学者や研究者の姿勢として当然のことと考えられているが、こうしたことを古くからある当然のものと見なしてはならない。最新の設備が並ぶ大きな実験室に多くの学生が出入りし、新たな成果を求めて実験や観察に一心不乱に打ち込むという、今日の大学の理工系学部において日常となっている光景は、一九世紀の第二次科学革命の時代になってはじめて見られるようになったものなのである。

さて、科学研究についてまわる〝揺らぎ〟とわれわれが呼んできたものに即して、この状況を捉え直しておいてもよいであろう。第二次科学革命という出来事が示したところでは、科学研究の成果は実験と観察による検証を必要とするというどころではない。この革命によって科学は、リービッヒに関して見られたように、まさに実験と観察の別名になったと言っても過言ではない。フランスにおいて実験・観察の装置や方法が次第に発達したために、ラヴォアジェによる「化学革命」が生じえた次第は先に述べた通りであるが、この発達はいまや大学という場で公的・組織的に進むことになった。

また一九世紀には、こうした科学の根本的な変革に並行して、別の部門においてもこれに似たものを思わせる変革が進んでいた。言うまでもなく「産業革命」のことである。この革命は産業技術の変革のことであり、本来は科学の進歩とは関係のないものであったが、やがて科学と無関係ではいることはできなくなる。次に「産業革命」について簡略に見ておかなければならない。

第四節　産業革命と「科学技術」の確立

周知のように「産業革命」とは、一八世紀後半にイギリスで生じた、生産技術の大規模な革新のことである。工業生産力の飛躍的な向上をもたらしたこの動きは、綿工業の分野で始まった。はじめに綿糸を組み合わせて綿布をつくる工程が自動機械化され、綿織物の大量生産が実現した。すると次に、それに応じるべく紡績機が機械化され、綿糸が大量生産されるようになった。すると今度は織機の改良がさらに促されるという循環を生んで、綿織物の大量生産が急速に進んだ。特に一七六九年にワットが改良型の蒸気機関を開発してからは、生産力は飛躍的に増大した。

綿工業の分野で機械制の大工場が発達すると、機械の原料である鉄を生産する鉄工業や、蒸気機関で燃やされる石炭を掘り出して加工・製造する石炭業などの部門も、飛躍的な発達をとげた。また大量の原料や製品などをできるだけ速く輸送するために、交通機関の改良も進んだ。そして、これを可能にしたのも蒸気機関であった。一八一四年、スティーヴンソンによって蒸気機関車が発明され、後には蒸気船も発明されている。

都市に大規模な工場が次々に建てられると、職を求めて労働者が都市に集中するようになり、都市人口は大幅に増加した。このように産業革命は、人々の生活風景も激変させるものであった。この動きは一九世紀にヨーロッパ大陸諸国やアメリカでも進んだ。同世紀の後半になると動力源が石油と電力に移行して、重化学工業、通信産業、自動車産業の発達をみた。

注意されねばならないが、この産業革命の動きは、われわれが見てきた科学革命の動きとは特に関係のないものである。水力紡績機を発明したアークライトも、自動車を発明したフォードも、電力・電気に関する技術革新を主導して「発明王」と呼ばれたエジソンも、自然科学研究には携わったことがなかった。彼らはむしろ、職人的な技術家・起業家であった。また二〇世紀になってからのことであるが、動力機つき飛行機の発明という偉業を成しとげたライト兄弟は、なんと自転車屋であった。

ただそれにもかかわらず、第二次科学革命と産業革命とのあいだに、やはりある種の親近性や親和性を見て取ろうとすることは、決して無理のあることではない。前者によって確立した旺盛な実験遂行型の自然科学と、後者において多彩に生じた技術革新とのあいだに、何らかの類似があるように見えるのは、むしろ自然なことだと言える。実際にこの二つの動きは、次第に結びついていくことになった。自然科学と産業技術は徐々に結合してゆき、最終的に今日的な《科学技術》に到達する。

特に、産業革命期に見られた技術革新の中で、ワットが行ったことに、科学者の作業にかなり似たところがあったことは、注意されてよいことだと思われる。ワットはニューコメンの蒸気機関を改良する過程で、グラスゴー大学をたっぷりと利用し、科学者に似た理づめの探究を行ったという。ワットに科学者としての才能が備わっていることを見て取った教授たちは、ワットに科学の知識をはばかることなく伝授していたようである(22)。

教授たちから科学の知識を得たワットは、自らの研究所を設立し、多くの人を集めて基礎的な研究を行わせた。またシリンダに圧力計をつけ、ピストンの動きと圧力との関係を自動的に表わす装置を考案して、機関の効率を調べることまで行ったという。科学者の研究にかなり近いことをワットが行っていたことが分かる(23)。

またワットの発明は、科学における非常に重要な研究分野を拓くという副産物を生んでいる。ワットの発明がきっかけとなって、熱が機械力を生む過程はどのような自然法則に従っているのかといった問題が科学者の探究テーマとなり、熱力学という分野が形成されていったのである。熱力学の端緒を開いたのはカルノーであった。彼がこ

の方面の研究を始めたのは、蒸気機関の改良を動機としていた。(24)

このようにして、自然科学の知識や成果が単に抽象的で理論的なものではなく、現実に対して具体的な効力を発揮するものでもあることが、次第に明らかになっていくことになる。専門性が高く、素人には理解の届かない自然科学の知識が、技術の基礎的部分を構成するものとして社会の中で認知されるようになり、非常に有効な役割を果たすものとして受け容れられるようになっていった。

この時期に生まれた熱力学は、その後、それが予言していた現象が化学工業や冶金工業において実証されていったこともあって、非常に有用な科学分野として認められていった。同様のことは電磁気学についても指摘されうる。それは電気と磁気とを結びつけて研究し、両者の相互転換のあり様や、電気が発揮する働きを明らかにしようとするものであった。電気が今日これだけ使用されている現状を見れば、電磁気学がすぐさま工学に応用されていったことは容易に想像されるであろう。一九世紀末から二〇世紀初頭にかけて、電灯や電話などの電気製品や、無線通信やラジオ放送といった電信上の発明が次々になされて、一気に電気の時代が到来した。これほど広範に活用される技術の基礎的理論を提供するものとして、電磁気学が社会に受け容れられていったのは当然のことであろう。そして、このことによって同時に、社会における科学の優越的地位がより確かなものになったことは言うまでもない。

このようにして「自然科学」と「産業技術」とが結びついてゆく過程においては、もちろん、これまでに挙げられたもの以外にも数多くの発明や技術革新が実現していった。それらを逐一挙げることは到底不可能であるため、ここでは話を急ぎ、この融合の帰結に注目することにしたい。両者は不可分に融合した状態に至って、「科学技術」という独特の性状のものを生み出した。「科学技術」が確かなものとして成立したのは二〇世紀のことで、決定的なきっかけとなったのは二つの世界大戦である。第一次大戦では、敵を効果的に殺傷する毒ガス兵器や爆弾、戦車、戦闘機、戦艦、潜水艦、敵の動きを察知する電波機器（ソナー）などが発明、開発されていった。第一次大戦で教訓を得た大国は、第二次大戦ではいよいよ科学技術を総動員し、壮絶な総力戦を繰り広げることになった。最も大きな出来事は、マンハッタン計画によって原子爆弾が開発され、広島と長崎に投下されたことである。それ以外にも、高速爆撃機や高性能爆弾、レーダーなど、新たに発明・開発されたものは枚挙に暇がないほど多い。

悲しい現実であるが、科学技術を飛躍的に進歩させるのは何といっても戦争である。戦争が目的となる限り、国家が潤沢な資金をどこまでも提供し続けるからである。第二次大戦以後にも、米ソ間で長期にわたって冷戦が続いたほか、朝鮮戦争やベトナム戦争、湾岸戦争、イラク戦争などにアメリカが関わっていった。その中で、戦闘機等の兵器がますます高性能化したことや、新たなタイプの核爆弾の開発が続けられたこと、大陸間弾道ミサイルが構想されていったことなどは、よく知られているところである。そもそもは軍事目的で開発されながら別目的で使用されるようになったものも多い。偵察目的で人工衛星が開発されたおかげで、今日テレビの中継生放送が可能になっていることや、気象予測が以前よりも正確になっていること等も、われわれに馴染みのことである。また、軍事目的で開発された電子メールは、今日誰もが利用する身近な通信ツールとなっている。

自然科学が「科学技術」へと形態を変えた変化は、科学の歴史の中で最も規模の大きいものだったと言うことができよう。いまや科学は国家や産業活動と連携して社会のすみずみにまで浸透し、社会を支配下に置きかねない地位を手に入れている。こうした事態を廣重徹は、「科学の制度化」に対比して「科学の体制化」と呼んでいる。廣重の言葉を借りて、今日の状況をまとめておこう。

科学が国家と産業のそれぞれに包摂され、研究開発において国家と産業が癒着することによって、国家・産業・科学の三位一体ができあがる。科学はこんにちの社会体制をしてまさに社会体制たらしめる、本質的契機の一つとなったのである。

こんにちの科学は現存の社会体制のすみずみにまで入りこみ、それを維持する不可欠の要素となった。そしてその結果として逆に、科学の全活動はこの体制に全面的に依存し、それから規定されるのである。このような事態をさして「科学の体制化」とよぶことができよう。(25)

注

(1) H・バターフィールド『近代科学の誕生(下)』(講談社学術文庫、一九七八年)、六五頁。
(2) 村上陽一郎『近代科学と聖俗革命』(新曜社、一九七六年)、三三二頁。
(3) F・ベーコン(服部英次郎・多田英次訳)『学問の進歩』、『世界の大思想8 ベーコン』(河出書房新社、一九七二年)、所収、六六頁。
(4) 前掲、バターフィールド『近代科学の誕生(下)』、九〇頁。
(5) ダランベール「百科全書序論」串田孫一責任編集『世界の名著35 ヴォルテール・ディドロ・ダランベール』(中公バックス、一九八〇年)、所収、四七九頁以下。
(6) 同右、四五一頁。
(7) 前掲、バターフィールド『近代科学の誕生(下)』、第一一章。
(8) 同右、一三五頁。
(9) 本段落の記述は、同右、一二〇頁以下に依っている。
(10) 同右、一二三頁。
(11) 同右。
(12) 前掲、バターフィールド『近代科学の誕生(下)』、二八頁。
(13) 同右(上)、一三二頁以下。
(14) 同右(下)、一二八頁以下。
(15) 同右、一三〇頁以下。
(16) 同右、一三八頁。

(17) 同右、一三七頁以下。
(18) 村上陽一郎『科学の現在を問う』（講談社現代新書、二〇〇〇年）、八頁。
(19) 本段落の叙述は、主として、村上陽一郎『文明のなかの科学』（新曜社、一九九四年）、一二一―一二五頁に負っている。
(20) 前掲、村上『科学の現在を問う』、三〇頁、参照。
(21) 本節の以下の内容は、主として、成定薫『科学と社会のインターフェイス』（平凡社、一九九四年）に負っている。
(22) 朝永振一郎『物理学とは何だろうか（上）』（岩波新書、一九七九年）、一四八頁以下。
(23) 同右、一四九頁以下。
(24) 同右、一五三頁以下。
(25) 廣重徹『科学の社会史（上）』（岩波現代文庫、一九七三年）、四頁。

第四章　科学技術の歴史（Ⅲ）

第一節　二〇世紀以降の新たな自然科学

「科学の体制化」が確立しようとしていた時期においても、当然のことながら自然科学が自らの本来の課題を見失うことはなかった。本来の課題とはもちろん、自然の法則や仕組み、機構等を解明することにほかならない。それは本来、技術革新とは関係のないものであった。二〇世紀には、ニュートンのパラダイムを覆すような画期的な研究業績が現れている。その典型は相対性理論と量子力学で、現代物理学の二大支柱と目されている。前者においては、ニュートンが唱えた絶対空間と絶対時間が否定され、空間と時間は慣性系ごとに異なるものであることが主張された。また後者では、素粒子の運動に関して原因と結果が一意的に対応しないことが主張され、自然を自動機械と見なす見方が科学者自身によって否定されるという、注目するべき帰結が生じている。

こうした業績に関して述べようとすれば、多くの紙幅が必要になるため、本書では断念する。ここでは、こうした科学研究がどのような性格のものであったか、またこうした業績の出現によって、科学研究が一般にどのように受けとめられるようになったか、といったことだけ略述することにしたい。

これらの研究成果が、実験や観察の結果に忠実に従うことによって得られたことは、注意されるべきことであろう。アインシュタインの相対性理論は、ニュートン物理学では説明できない実験結果をそのまま受け容れることによって構成された。それは、光の速度が光源の運動によって変化することはないという実験結果であった（この実験の代表例としてはマイケルソン＝モーレーの実験が知られている）。またデンマークの物理学者N・ボーア（コペンハーゲン大学）は、素粒子（陽子、中性子、電子のように、原子よりも小さく、原子を構成している粒子）が粒子であると同時に波動であることを主張した。これも実験結果にそのまま従うことによって得られた結論である。ボーアは、「粒であると同時に波である」という一見矛盾した現象がどうして生じるかを解明する道には進まず、実験と観察によって確かめられる事実をそのまま受け容れ、原子内の現象を計算的に記述してゆく道を選んだ（このような実用的な解決は「コペンハーゲン解釈」と呼ばれる）。

二〇世紀以降の自然科学の成果は、ときに素人の理解が届かないようなものであるため、ともすれば秘教的なものを思わせることも多い。「空間が曲がる」、「宇宙の始まり」、「＊＊粒子」、「同じ自分が別の状態で存在する世界」等々のように言われる事象を、専門の研究者以外の者が理解するのは困難である。今日、自然科学の用語や概念、理論等を、実質を欠いた妄念の遊戯ではないかと疑う人もいるのではないかと思われる。STAP細胞事件に見られたような研究不正があることを知り、実際の科学研究の現場では素人が思うほど実験や観察は重視されていないようだと感じた人は、そうした疑いをさらに強めたのではないかと推測される。

だが実際には、一見秘教の教義を思わせるような概念や理論は、むしろ実験や観察の結果をそのまま受け容れようとした結果生じたものにほかならない。このことは、われわれがよく知っておかねばならないことであろう。前章までに見たように、科学研究において行われる実験や観察は、時代とともに精緻で精確なものに進歩していった。ガリレイやニュートンの時代よりも実験器具や装置が発達したために、ラヴォアジェによる化学革命が可能になったことは先にも見た通りである。その後、技術開発と連動してきた科学研究が、実験や観察をさらに精密なものにしていったことは詳述するまでもないであろう。二〇世紀に見られた画期的な研究成果も、実験や観察が精巧なものに進化したことによって生み出されたものにほかならない。

では、なぜその一方で、不正研究事件のように、実験や観察がおろそかにされていることを思わせる現象が生じるのであろうか。ここで一言だけ言うことにすれば、それは科学研究が今日、分野を非常に細分化し、分野ごとの特殊性や専門性を高めていることに起因している。狭い分野の高度な専門家でなければ、科学に関わる概念や理論等を理解できないような状況が今日生じている。このことに関しては追って具体的に述べることにしたい。

思いがけず不正研究事件に言及することになった。本章でははじめにこの不正研究について検討することにしたい。前章で見た「科学の体制化」が今日どのような事態を生じさせているかを見ることが本章の主たる課題であるが、この課題を果たす上でも、不正研究事件の内容を見ることが、思いがけず大きな手がかりを提供するからである。この点に関しても具体的説明は追って行うことにして、まず不正研究事件の内実をたどる作業を行うことにしたい。

第二節　今日頻出する研究不正

二〇一四年に日本であったＳＴＡＰ細胞事件には本書でも度々言及してきた。遠い昔の話ではなく、また世間を大きく騒がした事件でもあったため、その内容はひろく知られている。それをここで辿り返す必要はないであろう。ただ、この事件の実相が人々に正しく受けとめられたかといえば、そうは言えないと思われる。世論の反応を見る限り、多くの人はこの事件を、不正研究の中でも例外的に悪性のもの、極端なケースとして受けとめていると推測される。またこの事件を、女性の代表研究者の特異な性格や、研究をめぐる特殊な状況（研究環境や人間関係）に起因するものとして論評した報道も多かったように思われる。

だがこの事件以後にも、新聞等を読んでいると、不正研究があったことを報じる記事を見かける機会は非常に多い。幾つか事例を当たってみると、ＳＴＡＰ細胞事件にかなり似た内容が目立つ。そうした関心をもって過去に書かれた書物を当たっていると、ついに愕然とすることになる。科学研究をめぐる不正事件については、すでに何年も前に周到に取材して書かれた書物があり、その内容は、ＳＴＡＰ細胞事件にきわめて似通った事件があったことを知らせている。しかもそれは世界中の物理学者に知れわたっているという。われわれが近年知るようになった研究不正は、実はかなり以前から存在してきたものにほかならないのである。

ＳＴＡＰ細胞事件は決して極端で例外的な事例ではない。また、研究者の性格等々のことがまったく関係ないことも明らかである。研究不正の頻出は、こうした事柄にではなく、まさに今日の科学技術の特徴的なあり方に起因しているのである。それゆえこの問題は、本書でもぜひとも主題的に取りあげなければならない。

不正研究事件のあり様とその原因について周到に論じている書物とは、ＮＨＫの番組制作に携わっている村松秀が著した『論文捏造』（中公新書ラクレ、二〇〇六年）という本である。この本は二〇〇二年に研究不正が明るみに出た「シェーン事件」の内容を詳細に取材して報告したものである。「シェーン事件」には、ＳＴＡＰ細胞事件に酷似している部分が非常に多いため、今日われわれが読むと大変に驚かされる。今日、不正な科学研究はどれも同じような性格のものであることがはっきり分かる。

「シェーン事件」は、ここでぜひとも検討されねばならないものにほかならない。ともあれ、次に村松が記しているところに従って、その内容を必要な限りで辿ってみることにしよう。

（1）シェーン事件

「シェーン事件」とは、ある物理学者が画期的な成果を次々に発表して、一躍スター科学者の座に昇りつめたが、後にそれらの成果がすべて虚偽であったことが明らかになった事件のことである。[1] アメリカのベル研究所に勤務していたドイツ人物理学者ヤン・ヘンドリック・シェーンは、超伝導に関する画期的な成果を次々に科学ジャーナルに発表し、世界中の物理学者から大きな注目を集めたが、しばらくして、この成果はすべて無からの捏造であることが判明した。科学研究をめぐる一大スキャンダルであった。

事件を理解するためには、「超伝導」という現象について幾分か知らなければならない。「超伝導」とは、電気が流れるときの抵抗が無くなってしまう現象のことである。超伝導の状態が生じた場合には、ひとたび電気が得られれば、あとは何もしなくても電気はどこまでも流れ続ける。通常、電気が電線を通ってくるとき、同時に失われる電気も思いのほか多く、電気はどこまでも届くわけではない。電線に抵抗があるためである。失われる電気は熱に変わるため、通電中の電線は熱を帯びる。また当然、電線が長くなるほど届く電気の量も少なくなる。現在の送電システムでは、日本国内で、何と四国の電力使用量の二倍近くの電気が失われているという。もし超伝導の状態が容易につくられるようになれば、こうしたエネルギー・ロスは無くなることになり、得られるメリットは計り知れないほど大きい。

超伝導は、一九一一年、ヘイケ・カメルリング・オンネスというオランダの科学者によって発見された。限界に近い超低温の状態で物質がどのような振る舞いをするかを調べようとして、オンネスは液体ヘリウムを使ってマイナス二六九℃の超低温状態をつくり出すことに成功した。そして、そこに水銀を置いてみたところ、水銀の電気抵抗が0になることを発見した。オンネスははじめ、超低温状態ではすべての物質の動きが止まるため、電子も動かなくなると考えていたというから、当初の予想とは正反対の結果が得られたことになる。

これ以後科学者たちは、超伝導の実用化を目指して、どうにかしてもっと高温下で超伝導を実現しようと考えることになる。長い間これといった成果は見られなかったが、一九八六年にベドノルツとミュラーという二人の科学者がマイナス二四三℃で超伝導が生じることを発見する。これをきっかけとして、「高温超伝導」の研究は世界中の科学者によって成果が競われるようになり、この発見のわずか数ヵ月後には、マイナス二〇〇℃下の超伝導が実現している。何と一気に五〇℃近くもの高温化が達成されたのである。

この高温超伝導フィーバーを演出した人物の一人に、後にシェーンの上司となるバートラム・バトログがいた。バトログはベル研究所（以後「ベル研」と略記する）で様々な銅酸化物を試し、いくつもの超伝導物質を発見して、この分野の大家となった。バトログをはじめとして世界中の科学者が銅酸化物の研究でしのぎを削った結果、超伝導が可能となる温度は、一九九〇年代にはさらに約マイナス一四〇℃にまで上昇した。ほんの一〇年ほどの間に、高温超伝導の研究は信じがたいほどの躍進を遂げたのである。

だがその後、温度の上昇は伸び悩む。銅酸化物を用いた温度上昇の試みに行き詰まりが見えたように感じたバトログは、状況を打開しようとして別の物質に注目し始める。それは「有機物」であった。

「有機物」とは炭素化合物のことで、人間の身体をはじめとする生命体を構成する物質でもある。また、われわれに馴染みの有機体としては、石炭やダイヤモンドなどがある。さらに、バトログがちょうど状況を打開しようとしていた時期に、フラーレンやカーボンナノチューブのような新たな有機物も発見されており、「有機物」は当時の科学の最先端の研究ジャンルとして脚光を浴びていた。こうした状況下でバトログは、「超伝導」と「有機物」という二つの最先端ジャンルを結びつける研究に打って出ることを着想した。またこの頃、有機物の中に、まだ低温下ながら超伝導を可能にするものがあることを、他の科学者が突きとめていた。このこともバトログの動きを後押しした。

一九九八年バトログは、ベル研内に有機物超伝導に関する研究チームを新たに立ち上げた。チームリーダーはもちろんバトログであり、もう一人、有機物合成の専門家としてクリスチャン・クロックというドイツ人研究者がいた。ただ、忙しいバトログに代わって、実質的に研究全体を切り盛りする科学者がもう一人必要になった。その一人に抜擢された人物こそヤン・ヘンドリック・シェーンであった。

当時のシェーンは、前年（一九九七年）にドイツのコンスタンツ大学で博士号を取得したばかりの、まったく無名の存在であった。また大学時代の成績も際立つほど優れたものではなかったという。このシェーンがなぜベル研のバトログに採用されたのか、かなり不思議であるが、シェーンの大学での指導教授であったエルンスト・ブーファーが仲介したというのが真相のようである。ブーファーはベル研の研究員も兼任していたため、バトログの意向を聞き及ぶ機会があり、たまたま卒業予定だったシェーンを紹介したのであった。運や偶然とはいつも本当に不思議なもので、こうしたたまたまの事情が後に空前の不正研究事件を生むことになる。

ベル研で契約研究員として働き始めたシェーンは、研究の主要な作業を一手に引き受け、実験を重ねていった。最初の二年ほどは特に目立った成果を上げることはなく、シェーンはコツコツと研究をするだけの一科学者にすぎなかった。

ところが二〇〇〇年を過ぎた頃から、シェーンは画期的な成果を次々にあげ、矢継ぎ早に論文にまとめてゆく。まず二〇〇〇年四月『サイエンス』に、有機物（フラーレン）を用いてマイナス二六二℃下で超伝導を実現したことを発表する。ちなみにこの時のシェーンは二九歳であった。続いて同年一一月、今度は『ネイチャー』に掲載された論文で、マイナス二二一℃を達成したことを発表する。これほどの短期間で温度を四〇℃も上げてみせたことは、まさに驚異的な成果だと言う以外にない。しかもマイナス二二一℃というのは、有機物を用いた超伝導の温度としては、当時の世界記録を上回るものであった。

シェーンの成果はこれだけでは終わらなかった。翌二〇〇一年九月には『サイエンス』で、さらにマイナス一五六℃を達成したことを発表する。何と世界記録をさらに六〇℃以上も更新したことになる。これほどの短期間でここまで記録を伸ばしたことは、世界中の物理学者たちを驚嘆させた。彗星のように現れた天才物理学者シェーンは、その後の約三年間、カリスマ的存在として世界中の科学者から崇敬を集めることになる。

ベル研に勤務していた五年間にシェーンが書いた論文は六三本にものぼる。そのうち九本が『サイエンス』に、七本が『ネイチャー』に載った。どちらも、科学者が生涯に一度だけでも掲載されることを夢見る、超一流の科学ジャーナルである。執筆が最も旺盛だった時期には、シェーンは何と八日に一本のペースで論文を書いていたという。シェーンが成し遂げた仕事はまさに超人的なものであった。シェーンがいずれノーベル賞を受賞することは確実とみられ、彼の六三本の論文はバイブルと目されるようになった。

ところが他方、世界中の科学者たちのあいだで、シェーンの業績に対する疑問も少しずつ生まれていた。シェーンの実験を誰も再現できなかったからである。問題はシェーンが用いたとする物質にあった。シェーンが用いたとされたのは、当時発見されて間もないフラーレンという有機物に酸化アルミニウムの膜を載せたものであった。これこそがシェーンの成果を可能にしたとされていた。ところが、フラーレンに薄い酸化アルミニウムの膜を載せるという加工は、実際にやろうとしてもどうしてもうまく行かず、シェーン以外には誰にもできないことが分かっていった。

日本のある科学者は、一五〇〇万円もする装置を新たに購入することまでして再現実験を試みたというが、酸化アルミの膜はどうしてもフラーレンにつかなかったという。またシェーンの論文にも、このための具体的なノウハウは記されていなかったという。

ベル研で同じように再現実験が成功しない同僚は、シェーンに何度もノウハウを尋ねたが、シェーンは「実験したらとにかくそうなった」といった回答をするばかりだったという。後から思えば、シェーンの反応は不正を疑わせるものであったが、当時はシェーンの名声が轟いていた時期だったため、それ以上シェーンを追及するのはためらわれたと思われる。また、この同僚はシェーンに「サンプルを見せてもらえないか」と頼んだが、それに対してシェーンは「実験はコンスタンツで行うため、サンプルは手元にない」と答えたという。このため世界中の科学者たちのあいだで、シェーンはコンスタンツに特製の装置（〝マジック・マシン〟と呼ばれるようになった）を持っており、またシェーン自身も特殊な技法を身につけているという、伝説めいた話が流通するようになっていった。この間、同僚が「次にコンスタンツから戻るときにはサンプルを持ち帰ってきてほしい」と頼んであったにもかかわらず、ベル研に戻った時に同僚が問い合わせても「忘れてしまった」と答えたり、また別の機会には「サンプルはすべて処分して捨ててしまった」と答えるなど、シェーンの話には不自然な点が多々あった。だが、その頃にはまだ「コンスタンツに〝マジック・マシン〟がある」という説が有力だったため、シェーンを本気で疑う人はまだいなかったという。人や物事に対して一度予断がもたれてしまうと、それに逆行するような考えをもつのは難しいというのが、人間の普通の心理なのであろう。

ただ他方で、シェーンがマイナス一五六℃下の超伝導を実現したと発表した頃から、シェーンに対する疑問が科学者たちのあいだで強まり始めたようである。この成果は、フラーレンに別の物質を混合することによって可能になると発表されたが、多くの有機物超伝導の専門家が「いくら何でもおかしい」と思ったという。シェーンの名声が絶頂に達したのと同時に、シェーンに対する疑問が打ち消し難くなる時期も近づいていたのである。

シェーンに対する疑惑が決定的になったのは、二〇〇一年に上司のバトログがスイス連邦工科大学（チューリヒ）に教授として招聘されたことを大きなきっかけとしている。バトログは新たな勤務先で、シェーンがあげた成果に基づいて超伝導研究をさらに進めることを試みた。まず必要なことは、シェーンの実験を再現することであった。

ところが新しい研究室では、そのための設備が十分にそろっておらず、有機物に酸化アルミを載せる装置もなかった。そこでバトログは、ほかならぬコンスタンツに自分の新たなスタッフを派遣し、例の〝マジック・マシン〟を使って実験をするように指示した。何やら運命のいたずらを感じさせるような展開である。先述したようにバトログは、コンスタンツ大学教授のブーファーとは知己の間柄であったため、容易に許可を得ることができた。また、チューリヒとコンスタンツは国境をはさんで目と鼻の先ほどしか離れていない。バトログにしてみれば、〝マジック・マシン〟のあるコンスタンツを訪ねない手はなかった。

決定的な時が迎えられたことになる。シェーン以外の人がはじめて〝マジック・マシン〟を用いて実験することになったからである。ところが、〝マジック・マシン〟をはじめて目の当たりにしたバトログのスタッフは、驚きのあまり言葉を失ったという。あまりにも古くて小さい装置だったからである。実験上の様々な工夫を可能にする、最新の巨大な装置を使ってもできないことが、これほどちゃちな装置によって可能になるとはとても思えなかったという。スタッフの困惑はもちろん大きかったが、ともあれ差し当たっては、この装置を使って実験を試みる以外になかった。だが当然のように、何度トライしても成功しなかった。成功しそうな兆しすら見えなかったという。

報告を受けたバトログの研究室では、激しい議論が繰り返される異様な状況が生じたという。超伝導の専門家も有機物に詳しい研究者も多数いるにもかかわらず、〝マジック・マシン〟を使っても誰もシェーンの実験を再現できないからである。スタッフがシェーンに対する疑念を強める一方で、シェーンの成果をそれまで散々喧伝してきたバトログは、事態を正視する勇気がもてず、苦悩を深めていったという。ただ結局のところ、するべきことは一つしかなかった。それはもちろん、スタッフが見ている前でシェーン自身に〝マジック・マシン〟を使った実験を実施させることである。シェーンが〝神の手〟を持っていることはまだ否定されていなかったからである。

ついにバトログはシェーンをコンスタンツに呼び寄せ、スタッフの目の前で実験を行わせることに成功する（辛い現実を見るのを避けたかったのか、バトログ自身はその場に立ち会わなかったという）。意外なことにシェーンは「この実験の成功率はかなり低いんです。今回もうまくいく保証はありませんよ」と事前に断った上で実験を始めた。果たして実験は見事に失敗する。そして、シェーンの実験の様子を見たスタッフは、あまりのことに唖然としたという。シェーンの作業はまったく素人同然のもので、装置の使い方も実験の基本的な手順もまったく分かっていなかったことが明らかになったからである。また、シェーンがサンプルにつけたはんだの塊はひどく大きくて、隣の電極にくっつきそうなほどだったという。〝神の手〟を持つどころか、シェーンの手先がひどく不器用であることも同時に明らかになったわけである。

結果に関してシェーンは、「だから言ったでしょう。この実験は成功率がとても低いんですよ」と言い訳したという。だが、それまで発表してきた論文に従う限り、シェーンは何千回も実験に成功してきたはずである。シェーンの言うことが矛盾していることは明らかで、シェーンの研究成果に対する疑惑は決定的なものとなった。

またほぼ同時期に、別の方面でもシェーンに対する疑惑はふくらんでいった。グラフの使い回しが発覚したのである。まったく別々の論文に載せられていた複数のグラフが、同一のものであることが他の研究者たちによって発見されていった。異なる実験の結果を表しているはずの複数のグラフが、同じ一つのグラフから複製されたものであることが判明していったのである。実験から得られるグラフには、ノイズに由来する細かいデコボコが伴う。パソコン上で縮尺を調整しがら点検してみたところ、異なるはずの複数の実験結果に関してデコボコが完全に一致することが確かめられた。こうしたデコボコは実験のたびごとに異なるはずなのに、それらがまったく一致するということは、非常に不自然なことにほかならない。しかもこれらのグラフは、そのつど異なる部分について縮尺が変えられており、別物に見せるための操作が加えられていたことも判明した。誤って同じグラフが掲げられたのではなく、意図して別のグラフに仕立てられていたことは確実であった（図4—1）。

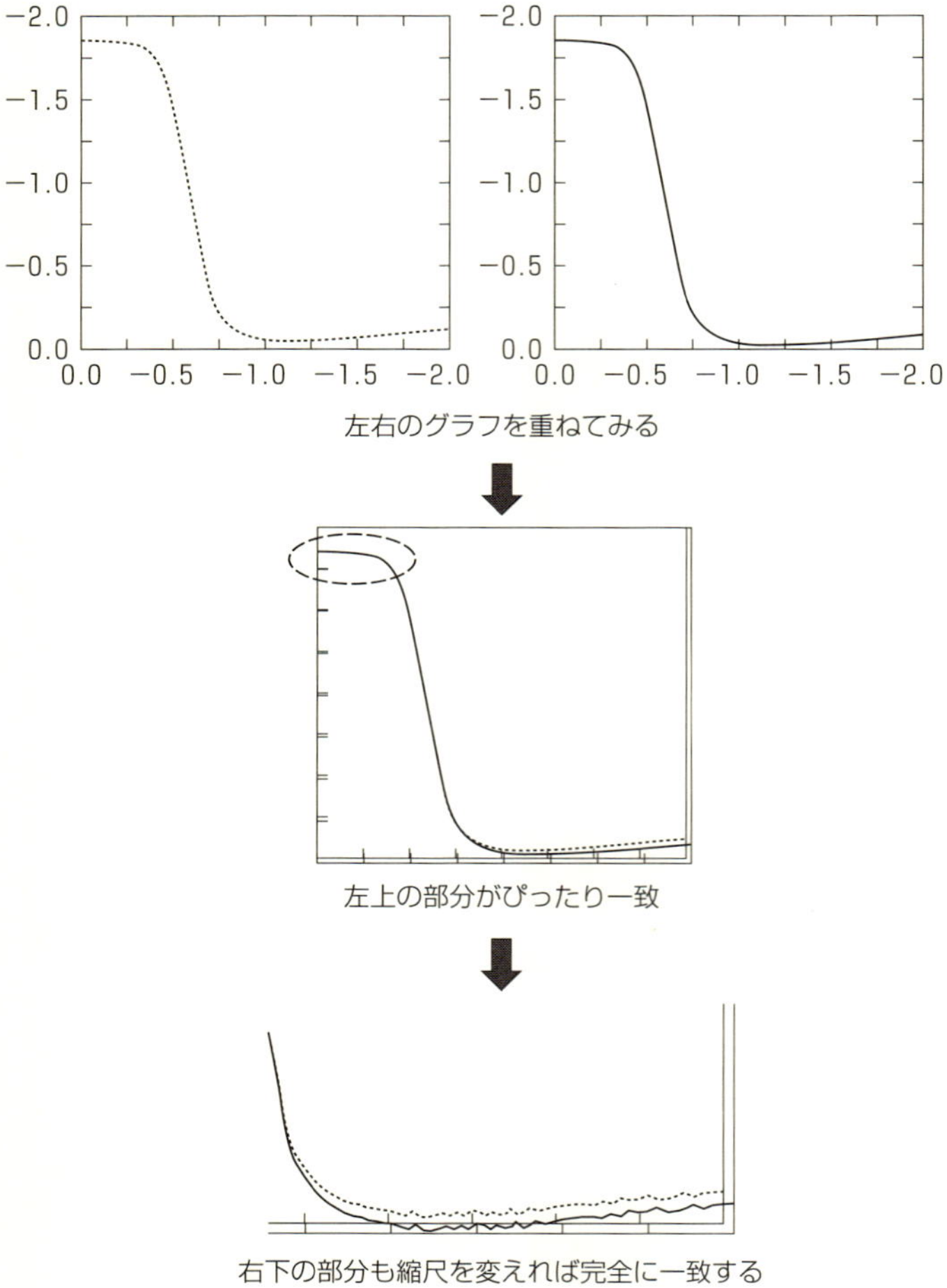

図４—１　シェーンによるグラフの改竄

出典：村松秀『論文捏造』（中公新書ラクレ，2006年）195頁より．

疑惑を感じさせる事象があまりにも多く、覆い難いものとなったため、ついにベル研も重い腰を上げて調査委員会を組織した。調査の結果、例の有機物のサンプルがシェーンの論文で述べられていたものとまったく一致しないことや、計測値だとされていたものが理論上の推測値だったこと（そのため、シェーンが示すグラフはいつもきれいで見事なものだったという）、実験ノートも残っていないことなど、多くの驚くべき事実がさらに明らかになった。シェーンがそれまで発表してきた研究成果はすべて無からのでっちあげであることを確かめて、ベル研はシェーンを解雇した。なおこの間、シェーンは母国ドイツのマックス・プランク研究所（シュトゥットゥガルト）の共同所長に就任することが内定していたが、取り消されたことは言うまでもない。解雇後のシェーンはまったく別の職業について、世間の目を逃れようとしているようである。

（2）今日の研究不正の特徴

以上、紙幅も費やしながら「シェーン事件」の内容を具体的に辿ることを試みた。あえて手間をかけてこの事件の内容を見たのは、すでに気づかれていると思うが、この事件にはＳＴＡＰ細胞事件と共通している部分や似ている要素が大変に多いからである。今日、科学研究をめぐる不正事件は、どれもかなり似たものになること、したがって、われわれがよく知っているＳＴＡＰ細胞事件の内容も、決して偶然のものでないことが分かるであろう。これらの不正研究事件は、今日の科学研究の実情や現在の科学技術のあり方を、間違いなく反映しているのである。こうした状況について考えるために、二つの事件に共通している事柄や、両者に見られる類似の事象を整理することを次に試みよう。研究成果を華々しく発表したとき、どちらの研究者も二九歳であったということにはやや驚かされるが、この一致はまったくの偶然であり、特に注目されるべき点ではないであろう（もっとも、何とも不思議な偶然ではあるが）。

ともあれ両者に共通して見られた事象、両者のあいだで似ていた事柄を列記してみよう。

①どちらの事件においても、異なる実験で得られたデータや写真、捏造されたグラフなどが使い回された。虚偽の証拠が意図的に挙げられた。またグラフや図表等がパソコン操作によって改竄されるといったこともあった。どれも、今日パソコンが発達しているために可能となる行為である。

②『ネイチャー』や『サイエンス』のような超一流の科学ジャーナルに論文が採用・掲載される上で、共同研究者や所属研究機関の名前が大きくものを言うという実態が明らかになった。「バトログ」、「笹井芳樹」、「ベル研」、「理研」という名前は、専門家たちには非常によく知られている世界的な権威である。自らも超伝導研究の大家として知られているジェロームというフランス人研究者は、シェーン事件について、「ベル研究所とバトログという名前は、論文の信憑性を判断する上で非常に重要な保証になっていた」と証言している。(2)

③右のような事情があるにもかかわらず、どちらの事件においても、後見人的な役割をしていた高名な科学者(バトログと笹井芳樹が該当する)は確認実験を行っていない。部外者や素人にとっては大変に驚くべきことであるが、こうしたことが今日の科学研究の実態であることが知られた。

④どちらの事件においても、当該研究者は同僚の質問や要請にまともに向き合わず、はぐらかすような行為にでている。シェーンについては先述した通りであるが、小保方も似たような行動をとっていたことはあまり知られていないであろう。小保方の共同研究者であった若山輝彦は、STAP細胞研究の成果が公表される以前に、詳しい作成法を小保方に何度も問い合わせたという。自力ではどうしてもSTAP細胞の作成に成功しなかったからである。若山の質問に対して、小保方はいつも「これまで伝えた通り」としか答えなかったという。(3)

⑤シェーンも小保方も、ミスや誤りがあったことは潔く認めているが、不正を犯したことは最後まで否定して

いる。研究成果が捏造であったことは、最も重大な点だと考えるのが普通であろう。だがシェーンも小保方も、この点を問いつめられても動揺するような様子をほとんど見せていない。本当に不都合な事柄を突きつけられるとき、人間の気持ちはかえって居直りきって落ち着いてしまうものなのか、心理学者の解説を聞いてみたい気がする。「ＳＴＡＰ細胞はあります」という小保方の発言はあまりにも有名になったが、注意されるべきことは、こう発言したときの小保方の様子にうろたえたような感じがなく、本気で確信していることを思わせるものがあったことである。

またシェーンも、動揺した様子をほとんど示していない。これに関して村松は、シェーンが、自分が成功していなくても、他の科学者がいつか実験に成功するに違いないと高をくくっていた節があると推測している[4]。自分が着想したアイディアは、アイディアとしてはおそらく間違っておらず、世界中にいる超一流の科学者たちが必死に再現を試みれば、現実のものになるに違いないとシェーンは思い込んでいたかもしれないというのである。このような思い込みが深まれば、頭の中で夢想が現実と置き換わってしまうことはありえるように思われる。実際、シェーンが示した方法と成果は、他の科学者たちに「その手があったか」、「確かにありえることだ」と思わせるものであった。だからこそ、ほかの科学者たちに信用され、感銘すら与えたのである。

小保方もシェーンと同様、自分の発想やアイディアそのものには間違いがなく、超一流の科学者たちが世界中で再現を試みれば、誰かが必ず成功すると思い込んでいたことは、十分推測されうる。また報道によれば、自分の手で検証実験を行うことができると知らされたとき、小保方は喜んだ様子を見せ、前向きな姿勢を表したという。「本気になって何度もトライすれば、きっと成功できる」という確信があったのかもしれない。小保方が示した方法や成果は、万能細胞研究の大家であった笹井でさえも信用するものであった。大家の承認を得て、小保方の脳裏で夢想が現実と取り違えられたことは、十分ありえると思われる。

⑥だが、科学者が自分の発想やアイディアを大切にしたいと思うのはもっともだとしても、それが間違いないことを実験によって証明してから公表しなければならないことは言うまでもない。この点、どちらの事件においても実験ノートが残されておらず、堅実な実験が行われたことが証明されなかったことは、何といっても決定的な重大事であった。一般の家庭でも、家計簿や日記をまめにつけている人はいる。残された記録によって重要な事実が後に確かめられ、思いがけない場合に役立つことがある。まして科学研究においては、いつどこで誰がどのような実験をし、どのような結果が出たか、記録に残しておくのは当然のことである。STAP細胞事件において、実験ノートがまともに取られていなかったことが知られたとき、非常に驚くべきこととして報道されたが、当然のことであろう。

そして、すでにシェーン事件において、実験ノートがとられていなかったことが問題となっていたことは、さらに驚くべきことである。一〇年以上も前に、科学研究においてまったく同じ問題が生じていたことを意味するからである。この問題について村松が次のように記したのは、すでに二〇〇六年のことであった。村松が述べている内容は、STAP細胞事件に関して指摘されたことにあまりにも一致しており、村松が自分を予言者だと錯覚してもおかしくないと思われる。

そもそも、実験ノートが存在していない、生のデータが残っていない、というのは、研究者としてありえないことである。実験を成功させるために装置の設定をさまざまに変えたり、得られた数値を記録したり、結果の科学的意味を考察したりするのに、ノートは必要不可欠のものであるはずである。そればかりか、科学社会の慣行では、実験ノートには自身で署名をし、実験記録をつける際にはノートのみならず測定された日付まで必ず書き入れることが強く励行されている。この日付は、研究成果をもとに特許を取得する際に、発見の日付として正式に認められる効力を持っているものである。さらに近年では、ノートは研究室の外には持ち出さないことも特にアメリカなどで徹底されるようになってきている。実験ノートは本人のものではなく、研究機関の公的な財産である、という認識なのだ(5)。

以上に見られた諸点から、今日の科学研究において、不正研究事件が非常に似たものになることが分るであろう。どうしてこういうことになるのか、原因を考えてみなければならない。今日パソコンやインターネットが発達しており、写真や画像、グラフなどを簡単に盗用したり加工したりすることができることは、誰にも分るであろう。ただ、単にこうしたことにとどまらず、科学研究の本質に関わるもっと根本的な理由がないかどうか、さらに考えてみなければならない。これについても村松は二〇〇六年にすでに十分に論じている(6)。引き続き村松が述べているところを参照しながら、研究不正が頻出する根本的な原因や理由について考察することにしたい。

第三節　科学技術の現況

研究不正の状況や原因に関して、村松の論述は多岐にわたる事象に触れている。本書では、その中で最も根本的で本質的だと思われる事柄に特に注意を向けることにしたい。現代の科学研究において不正研究事件が頻出する枢要な原因・事情としては、大きく言って、次の二つを挙げることができるように思われる。

Ⓐ科学研究が時代とともに分野や領域を著しく細分化させたため、分野や領域ごとの専門性が今日非常に高まっていること

Ⓑ科学が今日、かつてと違って企業や国家と強く結びついているため、科学研究の営みがいまや企業の利潤追求の活動にかなり近いものになっていること

Ⓐは、われわれが本章のはじめに見たように、科学研究や科学理論が時代とともに難解になり、素人の理解が至らないもの、ときに奇怪な印象を与えるものになっている現象とも似ている。今日の科学の営みがもつ大きな特徴にほかならない。そしてⒷは、前章の末尾でわれわれが「科学の体制化」という言葉で呼んだのとまったく同じ現象を言うものである。この二つの現象について見てゆかなければならない。

Ⓐから見ていこう。最先端の科学の現場は、かつてのように物理、化学、生物学とか、建築、電気、金属といった大雑把な分類では把握できないものになっている。科学の分野や領域は時代とともに細かく分かれる一方であり、さらには、狭い分野や領域内のテーマを深く掘り下げる方向に進んでいる。そのため今日の科学者は、自分が専門とするのと少しでも異なる分野に関しては、判断を下したり口をはさんだりすることができなくなっている。バトログはたしかに超伝導研究の大家であったが、有機物に関しては素人であった。そのため、シェーンが発表した成果を、自分では確かめずにそのまま受け容れてしまった。そして検証実験をする代わりに、学会等で機会を得ては成果を喧伝する役割にまわった。バトログの宣伝活動は非常に活発なものだったという。また笹井がSTAP細胞の作成を自分では試みなかった（緑色の蛍光を発して細胞が発生したのは見たと思われるが）のは意外であるが、若山がクローンマウスの胎児の作成に成功したことで、万能性の獲得が証明されたと確信してしまったと考えられる。笹井自身が記者会見でも答えているように、笹井はクローンマウスの作成を専門としていないため、若山の報告をそのまま受け容れる以外になかったのである。(7) 笹井もまた、STAP細胞の成果を喧伝する役割を意欲的に果たしたと言える。二〇一四年一月末の記者会見の場で司会進行役を務めているし、その後の理研に対するメディアの長時間

の取材にも応じている。また報道によれば、研究資金獲得や理研の規模拡張を目指して、頻繁に文部科学省を訪れるなどして、旺盛に活動していたという。

このように、バトログにしても笹井にしても、成果が得られたと確信すると、それ以後は成果を検証するよりもそれを喧伝するスポークスマンの役割を果たそうとしたように見える。分野の細分化が進み、一人の科学者が関われる領域が狭く限定されているために、こうした傾向が強まるのだと思われる。自分が専門とする狭い分野の外では、研究しようにもできないとなれば、研究とは別の方面に精力を注ぐことにもなるのであろう。今日の科学者には、研究室にこもって地道な研究に没頭するという古典的イメージには当てはまらない面がある。今日の科学者は時に、自社の製品を宣伝して売り上げを伸ばそうとする営業マンのような活動をする存在になっているのである。そしてこうした傾向は、Ⓑのような事情によってさらに助長されていると見ることができる。

Ⓑの内容は、われわれが第三章の最終部で見たのと同様のことである。今日の科学研究は、かつてと違って企業と強く結びついているため、科学の活動はいまや企業の活動に非常に似た性格のものになっている。シェーンが勤務していたベル研は、ルーセント・テクノロジー社に所属しており、その起源は、アメリカを代表する企業である電信電話会社AT&Tにまで遡る。アメリカでは、二〇〇〇―〇二年頃にITバブルが崩壊し、ルーセント社もIT不況の中であえいでゆくことになった。こうした状況の影響がベル研にも波及し、売り上げに直結するような成果が研究者たちにも厳しく求められるようになっていた。こうした状況下では、将来高い実用性を発揮し、大きな利潤を上げることが見込まれるようなシェーンの研究成果が、いよいよ輝かしいものに見えたと考えられる。

昔日の自然探究には、このような性格はもちろん備わっていなかった。少なくとも一九世紀に今日的な「科学」が成立する以前は、自然探究はかなり自由な知的好奇心を動機として行われていたと考えられる。探究者は誰かから指示を受けて探究活動をしたわけではないし、まして誰かから資金提供を受けることもなかったからである。だが一九世紀に「科学の制度化」が生じ、「科学」が社会に必要なものと見なされ、職業として公認されて以降は、科学研究はその性質を大きく変えてゆくことになった。一九世紀には、科学者たちは市民の目を気にしながら研究テーマを選び、研究活動を営んでいたと考えられる。当時、大学をはじめとする高等教育機関は、市民の納める税金によって運営されていたからである。科学者の関心が、純粋な知的好奇心を動機とする研究から、市民の生活に役立つ有用なもの・実質的なものを産み出す研究に移っていったことは、自然の成り行きだと言えよう。

その後、科学が産業技術と結びつきを強めていったこと、また第一次世界大戦以後になると科学研究が国家の政策の中に大きく取り込まれていったことは、先にも述べた通りである。これ以降、科学者たちは国家の顔色を見ながら研究活動を行うようになったと考えられる。第一次大戦後の科学研究は、何より戦争技術の開発を目的として営まれたのが実状であろう。軍事目的の研究活動に違和感を覚え、国家の方針に抵抗しようとした科学者もいたようであるが、国家から資金提供を受け、国家の意向に従わなければ職を解かれかねない体制が成り立っていれば、国家の方針に従わないように科学研究を行うことは当然むずかしかったであろう。

大戦終結後も、国家が最大の資金提供者である体制が続いた以上、科学研究が国家の意向に沿うように営まれていったのは当然のことだと言えよう。軍事目的に直接関わるような研究が強いられることは少なくなったかもしれないが、国家が関わるからには、有用性や実利性に富んだ研究ほど奨励されるのは自明の理である。国家はやはり、「社会のために役に立つ」研究のほうを重視するからである。先にも触れた、ロボットや人工知能の開発、自動車の自動運転システムへのその応用、再生医療の発展といったことは、どれも日本の政府が現在プロジェクトとして推進していることにほかならない。いずれも莫大な資金が必要となる研究であり、国家の支援がなければ成り立ちにくいことは、容易に想像がつくであろう。

そして実用性を重視する体制においては、国家だけでなく企業も科学研究との結びつきを強めてゆくことになる。

科学研究が「生活や社会のために役に立つ」成果をあげ、いずれ利益をもたらすこともありそうだと思えば、企業も科学研究の発展を望むようになるのは自明の理である。言うまでもなく、企業は利潤を追求する存在だからである。企業の活動と科学研究が結びついた状況のもとでは、企業は、高い有用性や実利性が見込めるような研究成果をあげるように、科学者に求めてゆくことになる。

このようにして国だけでなく、民間の企業や財団も科学研究に必要な資金を提供する状況が生まれることになる。日本では、大学と民間企業とがこのようにして結びつく「産学協同」の動きに対して、一九六〇年代、学生運動が盛んだった時期には、学生たちが大きな抵抗感を露わにしたという。純粋な知的活動であるべき科学研究が、企業の利潤追求に隷属するようになることを恐れた反応であった(8)。

ところが、時代とともに事態はときに驚くほど変化するもので、今日では、大学と企業が連携することはもはや常識であるどころか、世間では望ましいこととして受けとめられている。また政府も、こうした連携が容易にできるように法整備を行った。この結果今日、大学と企業と国家とが結びついた科学研究の体制が出来あがっている。この体制は「産官学連携」と呼ばれる。企業論理が当然のように大学に持ち込まれ、大学発のベンチャー企業の立ち上げも今日ごく普通に行われるようになっている。こうした変化を、池内了は「『知の共同体』であった大学の『知の企業体』への変質(9)」と呼んでいる。

このような体制の確立は、科学研究の変質をさらに促すことになる。というのは、このような体制下では、手段と目的がいつの間にか逆転して、資金獲得を目的として科学研究が計画・実施されるようになるからである。技術開発と連携している今日の科学研究は、莫大な資金を必要とするため、とりあえずまず資金が獲得できないことには何ひとつ始まらない。そして資金を獲得するために、独創的な研究や、実用性の高い成果を生むような研究がますます目指されることになる。他の研究との競争に打ち勝って公募型の予算を獲得するためには、研究が非常に独創的であることや、非常に役に立つものであることをアピールしなければならない。そのため科学者たちは今日、どんなに小さくともよいから「世界初」か「世界で一番」の成果をあげることに異常なこだわりを見せるようになっているという[10](このことには、先述したように、科学研究が分野を細分化させ、狭い領域で研究を深める傾向が強まっているという事情も手伝っている)。日本では二〇一〇年の民主党政権下の「事業仕分け」の作業の中で、ある研究所が「世界でトップ」を目指すとアピールしたのに対し、ある政治家が「世界で二番ではいけないのか」と言って話題になったことがある。

そして今日、科学の世界では、「世界初」や「世界で一番」という勲章は、特許を取得することで示されることが多くなっているという。特許を取得することができれば、企業や研究機関は以後特許料で収入を得ることが期待できるし、科学者にしてみても、自分の研究成果が「世界初」ないし「世界で一番」であることを手っとりばやく誇示することができるから、一石二鳥である。池内が次のように書いたのは、二〇一一年に東日本大震災が発生してから数ヵ月後のことであるが、三年後のSTAP細胞事件で問題になることを予言しているようにも見え、興味深いものを感じさせる。

科学者の勲章であるはずの論文も変質するようになった。「世界初」を競うのは特許に回し、あるいは誰もが追試できないような簡単な論文でしか発表せず、本格的な論文は特許の後ということになろうとしている。業績リストには、発表論文とともに取得した特許を記載することも当たり前になった[11]。

STAP細胞騒動の折り、記者会見の場で「STAP細胞の作成にはレシピや独特のコツがある」と答えた小保方は、「それをすぐにでも公開するべきではないか」という記者の質問に対して、「特許を取得してからでないと公開できない」と答えている。池内の言うところに照らせば、最初のSTAP論文は、むしろ別の科学者が再現できないことを意図して書かれたことも考えられる。特許取得の後にＳＴＡＰ細胞の具体的作成方法を発表することが、はじめから予定されていたのかもしれない（ただそこに至る以前に、写真の使い回しや図表の改竄が発覚したため、ＳＴＡＰ細胞の成果は虚偽であることが強く疑われた）。

右の小保方の発言からも窺われるように、科学研究に特許取得の事情が絡むことは、科学研究において秘匿性が認められやすくなるという状況を生み出す。すると、研究に関して公開されている情報が少なすぎると思われたり、何か奇妙なことがあるように思われる場合でも、疑問が生じにくくなってしまうことにもなる。先にも述べたように、シェーンにしても小保方にしても、同僚からの質問にまともに答えようとしなかったり、話をはぐらかそうとしたりする姿勢が見られた。それに対して同僚が強い疑問をもたなかったのは、「特許絡みで話しにくいことがあるのだろう」という気持ちが働いたからだと考えられる。シェーン事件では、有機物に酸化アルミを載せる方法に関して、論文に十分な情報が記されていなかったことについて、実際に多くの科学者が「特許が絡んでいるために公にできない情報がたくさんあるに違いない」と思ったという[12]。こうして科学研究において「秘密主義」が通用するようになってしまったことも、不正研究事件が生じる温床になっていると見られる。

こうして科学研究においてまず資金を得なければならないという状況を知るとき、すでに見られたバトログや笹井の行動はさらに理解されうるものになろう。国や様々な民間企業、財団などからできるだけ多くの研究資金を獲得しようとして、バトログや笹井は懸命に奔り回ったのである。バトログも笹井も、それぞれシェーンの研究成果とＳＴＡＰ細胞の成果を、たしかに真正で重要な成果として受けとめていたであろう。だが彼らにとって、それらは同時に、さらなる研究に向けて資金を獲得するための材料でもあった。彼らの目はこうした方面に向いてしまったため、検証実験もつい怠ってしまったと考えられる。研究資金の獲得のために性急に喧伝活動にはしってしまい、科学的な真理を確かめる仕事は二の次のことになってしまったと見られる。それほどまでに今日の最先端の科学研究は資金を必要とするものとなっているということであろう。STAP細胞の問題が騒動になったころ、当時の理化学研究所が「特定国立研究開発法人」に昇格することを目指していたことも報道された。より潤沢な研究資金と良好な研究環境を獲得したいという意図が背景にあったことは言うまでもない。STAP細胞の成果も当初、昇格のための理由づけとして考えられていたはずである。ところが、この成果をめぐって大騒動が生じてしまったため、決定しかかっていた昇格話が取り消されたことも報道された。STAP細胞の研究は、当初期待されていたのとは正反対の結果を生み出してしまったことになる。

今日の科学者は、かつてのように終日研究室にこもって、実験や観察に没頭するというだけでは、もはや通用しなくなっていると見られる。口が達者でプレゼンテーションも上手く、自らの研究成果が重要であることを他の人に分からせる技術を身につけること、できるだけ多くのところから資金をとりつけることができるように営業活動に長じることが、いま科学者たちに要求されているのではないか。こうしたことができなければ、無能な研究者という烙印を押されてしまうことすら考えられよう。科学者が企業の営業マンのような役割も果たすことができなければならないという現実は、今日の科学研究の実態や現在の科学技術のあり様を如実に表していると言えよう。科学の営みは、現在これほどまでに企業の利潤追求の活動に似たものになっているのである。

このような状況下で研究不正が頻出していることは、もちろん憂うべきことである。研究不正を防止することが現在、科学技術にとって非常に重要な課題となっていることは、いまさら言うまでもない。ただ本書は、不正研究の防止策を提言するために書かれたものではない。不正研究事件の内容をやや詳細に見てみたのは、そこに今日の科学研究の実態や現代の科学技術のあり様、科学技術にまつわる問題等が見事なまでに集約されて現れているからであった。

次節では、このようなあり方をする今日の《科学技術》が一般の人々のあいだでどのように受けとめられているかに特に注意しながら、《科学技術》めぐる問題についてさらに考えてゆくことにしたい。

第四節　今日の科学技術に対する期待と不安

序章で述べたことを繰り返すことになるが、今日、一般の人々は、科学技術に対して大きな信頼と期待を寄せている一方で、それがもたらす災厄に対して大きな警戒心も持っていると言うことができる。この二面的な状況を、あらためて見ておくことにしたい。

今日《科学技術》が、それの示す圧倒的な実利性と実質的効力によって、人々から非常に大きな信頼と期待をとりつけていることは、疑いようのないところであろう。こうした状況は、これまで見られてきたように、国家や企業が関わって、自然科学と産業技術が融合することによって成立した。そして、この両者のうちより大きな寄与を果たしたのは、産業技術のほうだったと言えよう。それは時間とともに着実に進歩しうる性格のものであるため、国家だけでなく一般の人々の希望も集めるようになっている。ベーコンがかつて機械技術に期待したことが、今日見事に実現していると言えよう。パーソナルコンピュータやスマートフォン、タブレットといった機器はわずか数年の間に爆発的に使用者が増え、これらを所有しない人はほぼ皆無と言える状況が出現している。また、こうした通信手段だけでなく、自動車や電車、飛行機といった交通手段も十分に発達していることは言うまでもない。

このような《技術》の進歩によってもたらされた状況は、必ずしも《科学》の進歩に関わるものではない。《技術》が、自然の法則や仕組み、機構等々を明らかにすることはないからである。ところが、見られてきたように、両者はすでに緊密に融合して区別することが困難になっているため、一般の人々のあいだでは、《技術》の進歩を《科学》の進歩と混同する傾向が時代とともに強まっている。

《技術》が進歩するのに伴って《科学》も進歩していると考えるならば、《科学》がいずれ自然の仕組みや構造をくまなく解明することができるのではないかという、一種の幻想が生じてもおかしくないであろう。先にも見られたように、近代以降の自然科学は自然を自動機械と見なすものであった。機械技術がこれほど着実に発達したことを考えれば、その知見を適用して、自動機械たる自然の仕組みや構造を解明し尽くすことができそうにも思えるであろう。

また、機械技術がこれだけ発達すれば、いずれ自然を完全に技術の支配下に置こうと考えるような姿勢が生じるのも、自然のことと言えよう。自然を自動機械と見なす見方に立つ限り、まさに機械技術を用いて自然を意のままにできるのではないかという考えが生まれるのは、当然のことだからである。

振り返ってみると、《科学》と《技術》とが結びつこうとする動向は、かなり以前から存在した。啓蒙主義の時代のフランスにおいて、ニュートンの物理学とベーコンの技術主義とがセットになってイギリスから移入されたことを思い出されたい。《科学》と《技術》とが融合する萌芽がこのときに生じたと見ることができる。ニュートン物理学が自然を自動機械（〝時計じかけの宇宙〟）と見ようとするものであり、ベーコンの思想が機械技術を称揚してその発展を目指すものであったことを考えれば、両者が結びついたとき、右のような見方が次第に強まって行くことが決定したと言うこともできるかもしれない。

ただ同時に他方で、われわれ現代人は、科学技術に対して大きな不安や懸念も抱いているのが普通であろう。今日の人類が科学技術と向き合うときの姿勢は単純なものではない。科学技術の暴走を警戒するような見方も強まっていることに触れないでいることはできない。

現代社会では、痛ましい交通事故が生じたといった類の報道にわれわれは毎日のように接しており、時に大きなおぞましさを感じずにいることができない。飛行機事故は、全世界のどこかで毎年発生している。犠牲になった人が味わった恐怖や苦痛をリアルに想像するとき、われわれの多くは身震いを抑えることができないであろう。また自動車事故は、多くの人が非常に身近に感じるものにほかならない。凄惨な自動車事故が発生した報に接するとき、「他人事とは思えない」、「自分も似たような事故を起こしそうになったことがある」のように感情移入する人も多いであろう。

また今日、化学物質に対する警戒心も高まっていると言えよう。化学工学の発達によって、天然には存在しない化学物質を石油などから人工的に作り出すことが、いま可能になっている。農薬や殺虫剤、除草剤、洗剤、接着剤、塗料等に使われるこうした化学物質は思わぬ毒性を発揮することがある。その上、天然には存在しない物質であるため分解しにくく、残留性も強いため、毒性が長期間続くことも多い。恐れる人がいるのは当然であろう。

漠然と不安が感じられるだけですんでいる場合も多いかもしれないが、化学工学に基づいた人工の物質の製造は、公害という形できわめて重大な被害も生んでいる。その代表的な事例として水俣病を挙げることができる。一九五三年頃から、水俣湾沿岸の住民に手足が思うように動かなくなる等の重篤な疾患が発症するようになり、原因不明の奇病として恐れられるようになった。調査を非常に長期間続けた後に、その原因が有機水銀であること、チッソ水俣工場によって海に垂れ流されていた廃液にそれが含まれていたこと、アセトアルデヒドを製造する過程で有機水銀が生じること等がようやく突きとめられた。有機水銀は海産物に蓄積してしまうため、それを食した沿岸住民の中枢神経が侵されてしまった。罹患した犠牲者が味わった苦痛は筆舌に尽くしがたいものであったし、その苦しみはいまも続いている。

また、たしかに近代科学は自然を自動機械と見なすものではあったが、こうした見方に全面的に従おうと考える人は、現実のところかなり珍しいであろう。そもそもこうした見方がすでに科学自身によって否定されたことには、ここでもう一度言及しておきたい。物体を構成する最も基礎的な部分について、原因と結果との間に一意的な対応関係が成り立たないことを量子力学が明らかにした件である。このことによって、自然を機械と同様のものとして捉えようとする見方はもはや維持不可能であることがはっきりしたと言えよう。自然が本当に自動機械であれば、機械技術を発達させることによって自然をコントロールすることも可能であろう。だが自然の中でオートマティックな機械に等しいと思われる部分は、実のところ非常に少ない。精密機械のような正確な動きを見せるのは、太陽系の惑星の運動くらいであろう（だからこそ、ニュートンがこれを説明し尽くすことができたとき、自然を機械と見なす近代科学の立場が確立した）。

自然を本当に機械と同様のものと見なすことができれば、われわれは先々に起こる出来事についてかなり正確な予測を立てられるはずである。だが、科学技術がこれだけ発達した今日においても、自然現象に関して予測を立てようとしても難しい場合のほうがはるかに多い。気象現象は機械的には捉えられないため、気象予測は長期のものになるほど外れることが多い。地殻の構造や動きが機械状のものであれば、地震の予知や予測も可能になるであろうが、すでに久しく研究が続けられてきたにもかかわらず、ほとんど進歩が見られない。近年、激甚な地震が日本でこれだけ頻発していることを思えば、地震予知の方法を確立するという課題は、実現が切に望まれているものである。だが、それにもかかわらず研究は一向に成果をあげていない。

地震予知に関しては、かつて日本で「一発必中」で言い当てられるようになることが本気で期待されていた時期があった。一九六〇年代に、近い将来に地震の正確な予知に関して見通しがつけられるとする、非常に楽観的な期待が表明されている。また、こうした見込みに基づいて、国会審議の場で気象庁が「一発必中にまでもっていく」と発言する一幕すらあったという(13)。このような楽観的な期待を見ると、その根底に、地殻の構造や運動を機械状のものとして解明することができるという考えがまだ残っていたことが窺われよう。

だが、地震に対する不安や懸念が近年これだけ大きくなっているにもかかわらず、予知がまったく可能になっていないことは、いまさら指摘するまでもない。近年では二〇一八年の北海道胆振東部地震に関して、それを予想したり警戒を促すような見解が聞かれたことはなかった。地震に関しては、いつも実際に発生した後にもっともらしい解説が専門家によって与えられる。だが、このように説明がつけられるのであれば、なぜ事前に分らないのかと訝るのは私だけではあるまい。むしろ身近な現象や切実な問題をめぐって、自然を機械的に捉えようとすることに無理があることが判明している。

そして、科学技術の発達がもたらした最も悩ましい事案、最も重大な懸案として、何と言っても原子力発電の問題がある。核エネルギーの使用は、科学技術の発達によってはじめて可能になった、奇跡と言ってもよいような成果にほかならない。太陽でしか起こっていないような反応が、今日、人間の手によって地球上でも生起させられるようになっている。原発は、信じられないような巨大なエネルギーを生み出して人間を益することができるが、それと同時に人間に大きな不安を感じさせるものでもある。いまさら言うまでもなく、日本では二〇一一年の東日本大震災に伴って福島第一原子力発電所で巨大事故が発生しており、それ以降、核エネルギーを用いた発電方式に対する人々の不安は消し難いものになっている。

このように原発の問題は、われわれが科学技術と向き合うときにもつ二面的な関わりを象徴していると言うことができる。それは希望の源泉であると同時に不安の種でもある。そして、これに呼応するように、科学者の見解も見事に二分している。原発に関しては、非常に楽観的な見方をとって危険を小さく見る科学者もいれば、逆にそれを大いに危険視して声高に警告を発する科学者もいる。この問題についてわれわれ素人が適切な判断を下すことは、当然のことながらさらに難しい。

こうした問題にわれわれはどのように関わってゆけるかを、次に考えなければならない。原発の問題については、本書の第六―八章で、多くの紙幅を割いて論じることになるであろう。ただその前に次章では、科学者以外の識者が今日の科学技術の状況について論じている内容を見ることにしたい。より具体的に言えば、科学論や科学哲学、科学社会学と呼ばれる分野で論じられている事柄を瞥見することにしたい。この過程を踏むことによって、われわれ一般人が科学技術の問題に取り組んでゆくための有効な手がかりが得られると思われるからである。

注

（1）本箇所の内容は、本文中でも述べているように、村松秀著『論文捏造』（中公新書ラクレ、二〇〇六年）に記されている内容を要約したものである。
（2）村松、前掲書、六二頁。
（3）須田桃子『捏造の科学者――ＳＴＡＰ細胞事件――』（文藝春秋、二〇一四年）、二四一頁。
（4）村松、前掲書、二八五頁。
（5）同右、二一三頁以下。
（6）同右、第九章。
（7）須田、前掲書、一八七頁。
（8）村上陽一郎『科学の現在を問う』（講談社現代新書、二〇〇〇年）、三一頁。
（9）池内了『科学と人間の不協和音』（角川ｏｎｅテーマ21、二〇一二年）、九五頁。
（10）同右、八五頁。
（11）同右、九六頁。
（12）村松、前掲書、二九二頁。
（13）平川秀幸『科学は誰のものか――社会の側から問い直す――』（ＮＨＫ出版生活人新書、二〇一〇年）、八七頁以下、参照。

第五章　関連事象に関する知識
――科学技術について素人が考えるための手がかり――

前章までにわれわれは、今日の科学技術の状況を、それが生成してきた歴史的経緯を辿りながら捉えることを試みた。ただ、こうした作業を行うだけで満足してはならないはずである。今や科学技術に起因する悩ましい問題に現実的に対処する道を探らなければ、科学技術と正しく向き合っていると言うことはできないからである。もちろん、この課題は大変に困難なものである。前章でも見たように、科学技術は時代とともに特殊性や専門性が高まる一方であるため、少しでも分野が異なれば、プロの科学者でも正しい理解をもつことや正しい判断を下すことができなくなっている。プロの科学者にとって難しいことは、科学に関して素人であるわれわれには、なおさら難しいであろう。

だが、本章の後半部で見ることになるが、われわれは絶望する必要はない。たしかにわれわれ素人は、科学技術に関する真の知識を手にすることはできないが、それに関連する周辺的事象については多くを知ることができるからである。こうした知識を、そのまま「関連事象に関する知識」と呼ぶことにしたい。

その具体的内容は後ほどあらためて見ることにして、本章ではまずはじめに、科学研究に職業的に携わるのとは異なる視点に立って科学技術について考察した議論を、必要な限りで辿ることにしたい。二〇世紀後半になって、哲学や歴史学、社会学等の観点から科学研究の営みや科学技術のあり様について検討する議論がかなり盛んになり、様々な論議や論争が交わされてきた。時にプロの科学者もまじえた論争が行われる過程を経て、こうした議論は近年かなり洗練されてきた感がある。クーンのパラダイム論など、すでにわれわれが言及してきたものも含めて、科学研究の営みや科学技術のあり様について発せられてきた論議を、次に辿ることにしたい。そうすることで、科学技術をめぐる今日の問題について考えるための有効な手がかりが得られるであろう。

第一節　科学論の「三つの波」

科学研究の営みが実際のところどのようなものか、科学技術の現実のあり様をいかなるものとして見るべきかといったことについて、科学者とは異なる視点に立って考察しようとする試みは、最も広い言い方では「科学論」と呼ばれる。それはまた、「科学哲学」、「科学社会学」、「科学技術論」、「科学技術社会論」といった言葉で呼ばれることもある。

今日「科学技術社会論（STS）」の代表的な論者として知られているH・コリンズは、二〇一四年に著した『我々みんなが科学の専門家なのか？』という書物の中で、これまでの科学論の歴史を三つの時期に区分し、それらを「三つの波」と呼んでいる。コリンズが整理している内容は、われわれの探究にも大きく関わるものであるため、次のこの「三つの波」の内容を見てみることにしたい(1)。

（1）「第一の波」

これは簡単に言えば、科学を称賛する科学論である。一九五〇年代にレーダー、ペニシリン、ナイロン等が登場し、科学が学知的形態としても、実用的有用性の点においても、他の学問分野に対して大きな優位をもつことは疑いのないものとなった。このような状況下では、科学論が果たすべき仕事ははっきりしていた。それは、科学のこのようなすばらしい営みがいかにして可能になっているかを説明することである。科学の探究が現実の自然のあり様そのものを明らかにしうることは自明のことだと考えられたため、問題はもっぱら、科学がどのような過程を踏んで世界の確かなあり様を解明しているかを明らかにすることであった。こうしたことを試みた理論の中で、コリンズも取り上げているポパーの(2)「反証主義」は、亜流ではあったが、洗練された議論であったと言うことができる。それは、科学的認識が帰納法によっては得られないことを潔く認めた上で、科学が次第に確かな知識を蓄積して着実に進歩していくことを論じたものであった。

自然に関して科学が明らかにしようとする知識は、基本的にはやはり法則的なものであり、「すべての白鳥は白い」のような全称命題の形をとる。ところが、この命題の正しさを経験によって証明することはできない。この世に存在するすべての白鳥について色が白いことを確かめることは、現実には不可能だからである。逆に「白くない白鳥」が一羽でも存在することが確かめられれば、この命題の正しさは否定（反証）される。科学的知識に関する証明は、現実には、正しさを示すものとしては存在しえず、正しさを否定する「反証（falsification）」という形態のものしかありえない。全称命題の形で示される科学の知識は、実は仮説（推測）にすぎないことになる。

ただポパーはこう考えることで、科学の営みを不毛なものと見なそうとしたわけではない。むしろポパーは、このような全称命題的な推測を大胆に行うことを、科学研究の重要な段階として認めた。ポパーによれば科学は、全称命題の裏づけとなる証拠を科学者たちが集めることによって進歩するのではない。逆に科学は、科学者たちが手持ちのデータを超えて大胆な推測を行うことによってこそ進歩する。ただし推測を示した後に、科学者たちは、その正しさを証明するのではなく、それを反証しようと努めてゆかなければならない。ポパーの議論に従えば、科学的真理と見なされてよいものは、反証の証拠となる事実か、反証を免れている推測のいずれかだということになろう。

「反証」実験の具体例としては、パスツールが行ったものが科学者たちのあいだでよく知られている。微生物が自然発生するという説があったのに対して、パスツールは、塵の入らないフラスコを用いて、生命体が何も存在しないところから微生物が発生することはないことを証明した。パスツールは、生物が自然発生するという仮説（推測）を「反証」してみせたのである。

またこの時期にマートンが提示した「科学者の社会学」は、こうした科学の営みを可能にするものとして、科学者のコミュニティーがどのように組織化されるべきか、どのような価値観をもつべきかを明らかにしようとするものであった。健全な科学研究が可能になるためには、独裁的な国家が加える外圧によって科学研究が歪められてはならないこと、それゆえ民主主義が維持されなければならないこと等をマートンは主張した。ともあれ「第一の波」は、このように科学研究の営みを肯定し信頼する議論からなるものであった。

（2）「第二の波」

これは、コリンズが一九六〇年代の科学論を指して呼んでいるものである。「第一の波」に次にきた科学論は、うって変わって科学を批判するものになった。コリンズによれば、こうした状況が生まれたのは、一九六二年にクーンが『科学革命の構造』を上梓したことが大きなきっかけになったという。クーンの主張の内容については、本書でもすでに何度も言及してきたので、詳述する必要はないであろう。クーンは、現実の科学研究が純粋な観察や実験によって検証を行うようなものではなく、科学者集団に支持されて権威をもつことになった業績を模範として、パズルを解くのと同じようにして営まれることを主張した。科学の歴史は、こうした模範（パラダイム）が時に激変する過程を経てきたとクーンは考えた。

クーンの主張は一見思われるほど単純なものではないし、クーンが科学論に新風を吹き込もうとする野心をもっていたわけでもない。ただ、クーンの議論は斬新さと説得力をもっていたため、次第に大きな反響を呼んでゆき、広範に影響力を及ぼすようになっていった。クーンの議論は時に強い批判も招いたが、その理由としては何といっても、それが科学的真理の客観的妥当性を否定しているかに思われた点が大きかったと言えよう。クーンの主張は、とりようによっては、自然はそれを見る者に応じて異なった姿を現すものであるため、人間の目から独立したそれ自体の相においては捉えられないと考えるような、アナーキーな相対主義に結びつきかねない。

科学研究がありのままの自然を捉えないということになれば、自然科学は特権的に認められてきた確実性や堅固さを失って、人文系の諸学と同様に曖昧さを帯びていると見られかねない。人によっては科学研究を、たえず新たな仕方で自然の姿を描き出そうとするものとして、何やら芸術創作や文学表現に似たものとして考えるかもしれない。

こうした議論は実際に次第に活発になってゆき、科学研究をありのままの自然に対するのとは違うもの、特定の時代の社会状況や文化的条件、政治情勢等々に拘束された相対的なものにすぎないとするような主張まで見られるようになった。こうした議論は、「科学的知識の社会学（sociology of scientific knowledge）」という学問領域を形成するまでに発達した。頭文字をとって「ＳＳＫ」と呼ばれる。それは「第二の波」の中心だったと言ってよいものである。ＳＳＫが示したような見方を、われわれはどう受けとるべきだろうか。

ＳＳＫに対してプロの科学者は嫌悪感を抱き、反発を示すようになった。それは当然のことだと言えよう。研究室や実験室にこもり、日夜研究のことだけを考えている科学者からすれば、科学がありのままの自然を探究するものではないと言われて面白いわけはない。特に、科学研究の成果がその時代の社会状況等々に条件づけられたもののにすぎないといった類の主張は、自然そのものと向き合っているという自覚をもっているプロの科学者にとっては、当然堪えがたいものだったであろう。「第二の波」においては、初期量子論とワイマール文化との関連性を論じる社会学者がいたり、[3] ジェンダーのみならず生物学的性差をも社会によって構成されたものと見なそうとするような議論すらあった。[4]

プロの科学者たちのいらだちや怒りはついに頂点に達し、一九九四年に科学者たちはＳＳＫの論者たちに対する激しい論戦を開始した。この後沸騰した論争は「サイエンス・ウォーズ」と呼ばれることになり、その中で「ソーカル事件」という出来事が起こっている。「第三の波」について述べる前に、これらのことに触れておくことにしたい。

(3)「サイエンス・ウォーズ」と「ソーカル事件[5]」

一九九四年、ブロスという生物学者とレーヴィットという数学者が『高次の迷信』という共著書を著し、科学社会学者たちに対する罵倒に近い調子の批判を開始した。これに対して社会学者たちはこの挑戦を受けて立ち、自分たちが拠点とする『ソーシャル・テクスト』という雑誌に自陣の論者の論文を集めて応戦することを決めた。この特集号には「サイエンス・ウォーズ」という総題が与えられ、一般からも論文を募集した。

これに応じてプロの物理学者が投稿した論文が、大きな騒動を生じさせることになった。ソーカルはプロの物理学者であるにもかかわらず、ＳＳＫの立場に与して、科学研究の社会的相対性や時代的相対性を強調する内容の論文を『ソーシャル・テクスト』に投稿した。それは編集委員たちの査読を通過して採用され、件の特集号に掲載されるに至った。

ところがソーカルは、この雑誌が出版された直後に、自分のこの論文がＳＳＫの論者たちの駆使するポストモダン的論調を模倣しただけの無内容な論文であること、科学論文に見せかけた無意味な言葉の羅列にすぎないことを、別の雑誌で自ら暴露した。ソーカルは、論文を査読した社会学者や思想家たちが実は科学について無知であることを、はっきりした形で暴いてみせたのである。そして、このような無知にもかかわらず、こうした論者たちがさも分かっているかのように「カオス」、「ファジー」、「フラクタル」といった用語を用いて科学について論評していることを、ソーカルは激しく糾弾した。

意図して偽論文を投稿するというソーカルの行為は、研究者が守るべき倫理規範を踏みにじるものであり、強い非難に値するものにほかならない。ただ同時に、ソーカルの行為によって、SSKの議論に含まれていた無理や行きすぎが明らかになったことも確かである。SSKの論者たちは、現実の科学研究のことをまったく知らないまま科学に関して批判的な論評を行ってきたことが明るみに出されたからである。

「第二の波」の中で示された論議は少なからぬ無理を含むものであったと考えるのが、やはり普通の見方であろう。今日科学者たちは寝食を忘れて専門的な科学研究に没頭し、それによって得られた知見は広く活用されて、社会で大きな威力を発揮している。こうした現状にあって、科学の成果がもっぱら時代や状況に依存したもので、普遍的な有効性をもたないと考えようとしても、大きな無理を覚えるのが普通の感じ方であろう。時代や文化が違えば物理法則も違うというようなことがあるわけはない。いつの時代にあっても、また地球上のどの地域においても、非常に高い場所から跳び下りれば、人間は落下してまず間違いなく死ぬであろう。また電気は、地球上のどこにおいても同じように流れるであろう。

SSKの議論は、二〇世紀以降の自然科学が一般の人の理解が届かないものになったことを背景にしていると考えられる。二〇世紀以降の自然科学の主張する事象が秘教的なものを思わせること、それゆえ科学が夢想の遊戯に堕しているように見えかねない等のことには、本書でもすでに触れてきた。SSKの主張の動機になりえることであろう。だが、こうした主張がむしろ、実験結果をそのまま受け容れることによって生じたものであることを、われわれは想い出さなければならない。

(4)「第三の波」

かつてSSKの陣営に属していたコリンズも、「サイエンス・ウォーズ」や「ソーカル事件」を目の当たりにして立場を変え、われわれと似た考えをもつようになったと推測される。コリンズは『我々みんなが科学の専門家なのか?』の中で、科学論に「第三の波」がやってきていることを告げ、自らもそれに与していることを表明している。同書でコリンズが次のように述べているのを見ると、コリンズの考えはわれわれの考えに近いと考えられる。

一九七〇年代の初頭には、重力波が現実に検出されたのかどうかという論争に関わっていた科学者たちは、寝ている時間以外のほとんどを、計算、議論、測定、他の研究者たちの能力の判定等々に費やしていた。他に何をすることがあろうか、それこそが、人生をかけたプロフェッショナルの生活である(6)。

またSSKが科学研究と時代状況や社会状況、文化的条件等とのあいだに強い結びつきを見ようとしたのに対して、コリンズは、真理を追究する科学者たちの姿勢を、これら世俗のことから離れた「神聖」なものと見なそうとする。

科学者たちは、彼らの行動一つ一つを見れば、世俗的に行為しているが、それでも科学の精神自体は「神聖」である(7)。

もちろん科学者たちも日ごろ世俗にまみれて生活している。また特に今日の科学研究には、世俗の事情を動機としているものが非常に多いと考えられる。超伝導や万能細胞は、実用化された場合に得られる恩恵が計り知れないほど大きいと予想されるからこそ、重要な研究分野と見なされている。研究資金が得やすい分野でもあろう。だがそうだとしても、真理を明らかにしようとする科学の精神や姿勢そのものが消えてしまうわけではない。超伝導に関する実験そのものにおいては、科学者は世俗の事情とは関係なく、できる限り容易に超伝導を実現することだけを考え、そのための方法をあくまで事実として突きとめようとする。超伝導が生じるときの様子は、ストンと状態が一変するもので、この状態の変化に世俗のことは関わりようがない。そして多くの科学者は、このようにあくまで事実を確かめようとする神聖な精神と姿勢をもって、研究に全精力を注ぎ込んでいる。

コリンズが「第三の波」と呼んでいる今日の科学論は、このような「科学の素晴らしさを認め、科学が役に立つことを認めながら、いかにして科学を正確に記述するかという問題に取り組む(8)」ものだという。そして、そのための方法は「科学実践者の技能や経験や専門知を記述し分析すること(9)」だという。こうした観点からコリンズは、科学の専門家を分類し、その上で、社会が科学と今日どう向き合うべきかという問題についても考えようとしている。コリンズの分類は非常に有効なものだと思われるので、次にそれを見ることにしたい。

第二節　科学者の二つのタイプ

コリンズは科学者を幾つものタイプに区分しており、分類は煩瑣なものを感じさせる。ここではそのうち重要と思われる二つのタイプを挙げることにしたい。

(1) コアな専門家

コリンズ自身が与えている名称は「貢献的専門家(contributory expert)」というものであるが、意味が伝わりにくいようにも思われるので、本書では「コアな専門家」と呼ぶことにしたい。これは「一般的に人が『専門家』という言葉を聞いたときに思い浮かべる専門家」[10]のことである。専門的な知識を身につけ、研究室に終日こもって実験や観察に没頭するプロの科学者だと言い換えてよい。コリンズによれば、このような専門家として活動することができるようになるためには、「他のコアな専門家と一緒に働き、彼らの技能や技巧——ものごとの運び方についての暗黙知——を受け取[11]」らなければならない。「コアな専門家」になるためには「徒弟になる必要がある[12]」のである。

これは、科学者の卵である大学院生や学生の活動を指すと考えてよいであろう。これは実際には、一般の人が考えるよりもずっと難しいものだとコリンズは言う。「初めて高校生が顕微鏡で池の水を見ると、そこで彼らが見るのは、ただの乱雑な模様である[13]」。観察という作業は、素人が考えるほど単純なものではない。見えているものが何であるか、また何を注視するべきで何を度外視してよいか、長い時間をかけて指導者に教え込まれなければ、眼前に雑多な微物が多様に広がるばかりで、実質的には何も見ていないのと等しいことになろう。また「初めて高校生が教室で実験をするとき、ほとんどの場合、彼らは、どのようにしたら正しい結果が得られるかをしっかり教えてもらわない限り、実験に失敗する[14]」。実験も素人が想像するよりもはるかに難しい作業のようである。複雑な手順を覚えなければならないのはもちろんであるが、さらに科学者のグループの中でかなり経験を積まない限り、実験を成功させるのは難しいという。言語化されないようなノウハウ——日常語では「こつ」と呼ばれる暗黙知——もかなり知らなければならないからである。

こうした作業を行う「コアな科学者」は、養成されるまでに大変な時間と手間がかかる上に、今日のように分野が非常に細分化している状況下では、分野ごとの人数が非常に少ないという。

（2）論議的専門家

これも、コリンズが与えている呼び名を改変したものである。コリンズが挙げている名称は「相互行為的専門家（interactional expert）」――邦訳では「対話的専門家」という語が当てられている――というものであるが、やはり内実が伝わりにくいように思われるので、本書では「論議的専門家」と呼ぶことにしたい。

これは「コアな専門家」ではないものの、多くの講義を聴き、非常の多くの専門書や関連書を読んで知識を身につけ、ある専門領域に関する議論に参加できるようになった人のことである。またコリンズによれば、何かの慢性病を患っている人が、その病気に関してかなり豊富な知識を身につけて、医師と対等に話をすることができるようになる場合があり、このような人も「論議的専門家」と呼ばれてよいという[15]。

一見するとこのような「専門家」は、口が達者なだけの似非専門家のように思われるかもしれないが、コリンズはこのような専門家を、「非常に『豊か』な領域」に関して知識をもつ人[16]として、非常に重要な存在と見なしている。というのは、今日の科学研究は実際、このような専門家たちによって担われているからである。たとえば重力波の研究に携わっている物理学者は一〇〇〇人ほどいるが、この研究は多くの下位分野に分けられて行われており、どの研究者も、自分が属している分野に関しては「コアな専門家」であるが、別の分野に関しては「論議的専門家」の域を出ない。重力波の研究は、正確に言えば、「準専門家」たちが役割を分担し、協働することによって成り立っているのである。

いくつか複数の下位分野にまたがって「コアな専門家」として活動している科学者もいると思われるが、非常に少数であろう。コリンズによれば、重力波研究においては、初期の段階でこうした「コアな専門家」は五―六人もいなかったという。[17]時代とともに下位分野の細分化はさらに進んだと考えられるから、現在はもっと少ないであろう。二〇一七年に重力波研究を手がけた三人の科学者がノーベル賞を受賞したが、これらの人たちがこのような専門家に当たると思われる。

現在多くの科学者は、こうした「コアな専門家」とは違って、ほとんど「論議的専門家」として研究に関わっていると見られてよい。繰り返し述べてきたように、科学研究は時代とともに分野の細分化が進んでおり、分野ごとの専門性が高まる一方であるため、今やどの科学者も非常に狭い領域に関してしか「コアな専門家」であることができないからである。したがって今日得られる科学の成果は、科学者にとっても、非常に多くの部分が「論議的専門知」として存在していると考えられる。もっとも、このことによって科学者の価値が下がると言っているのではない。今や最先端の科学研究においては、「論議的専門家」として活動できるようになるだけでも、大変な努力と長い時間が必要となる。専門化と特殊化がそれだけ進んでいるからである。

ここまで見られたように、コリンズが「第三の波」と呼ぶ科学論は、科学研究の実態や科学者共同体の構成を鋭く分析するものである。この「第三の波」は、「科学技術社会論（Science, Technology and Society）」と呼ばれて「STS」という略称で示されることがある。STSは、SSKを主体とする「第二の波」のように、科学を全面的に時代状況や社会状況、文化的条件等に帰着させるような見方をとろうとはせず、科学者の研究活動を真摯で神聖なものであることを認め、その上で、科学をめぐる問題や、科学技術と社会との関わりについて考えようとする。次節でわれわれは、コリンズが明らかにした科学研究の実態や科学者共同体の構成を踏まえながら、先に見た不正研究事件に簡単な再検討を加え、研究不正に関するわれわれの考えにまとめをつけることを試みたい。われわれの探究はその後に、今日の科学技術をめぐる問題にわれわれ素人はどのように関わることができるかについて考えてゆくことになろう。

第三節　研究不正問題、再論

現実の科学研究のあり方や科学者共同体の構成についてコリンズが述べていることは、先に検討された不正研究事件について考える上でも有効なものである。コリンズの指摘を踏まえた上で、不正研究事件について再論することを試みよう。

科学ジャーナルに投稿された論文を審査して採否を決めたり、研究助成金の授与を決定したりするための作業は、「ピアレヴュー（peer-review）」と呼ばれる。この呼び名は、同じ分野の専門家が論文や業績を審査することを思わせるものである。この点についてコリンズは、「請け合ってもいいが」と言いながら、このような審査が同業の「コアな専門家」によって行われることは、実際にはないと断言している。[18] こうした審査は、分野は同じでも「論議的専門知」に基づいて行われているのが現実であるという。

この指摘は、シェーン事件のような不正研究事件がなぜ生じてしまったかを説明しうるものであり、その意味で重要な指摘である。シェーンが『ネイチャー』や『サイエンス』に論文を投稿したとき、論文を審査した人の中には、もちろん超伝導の専門家たちがいた。だが、この専門家たちは、シェーンの成果に関する「コアな専門知」をもっておらず、それゆえ「論議的専門知」に基づいて審査をした。そのために、シェーンの論文を誤って採用してしまった。このことは一見意外にも見えるが、考えてみれば自明のことである。

というのは、シェーンが発表した成果は、それに関する「コアな専門家」がまだいなかったからこそ、画期的な成果と見なされたからである。銅酸化物を用いた超伝導に関しては、バトログをはじめとして「コアな専門家」は数多くいたし、有機物を用いた超伝導に関しても何人かはいた。だが、シェーンが発表したのは、酸化アルミつきの有機物を用いた超伝導の成果であり、それまで誰も試みたことのない実験の結果であった。近い分野には「コアな専門家」がいたが、シェーンの成果に正確に対応するような「コアな専門家」は一人もいなかった。したがって、シェーンの論文を審査したのは、すべて「論議的専門家」だったことになる。

本来ならば、この「論議的専門家」たちが再現実験を行った上でシェーンの成果を審査しなければならなかったであろう。だが、このことは現実には不可能である。『ネイチャー』や『サイエンス』のような超一流の科学ジャーナルには、毎年一万本を超えるような数の論文が投稿される（そのうち採用・掲載されるのはわずか八パーセント程度だという）。ただでさえ多忙な科学者が、それらを審査するためにいちいち確認実験を行うことなど、実際にはできるわけがないであろう。そしてこうした欠落を埋め合わせるように、「バトログ」、「ベル研究所」といった名前のもつ権威がものを言って、論文の内容が信用されることになった。

ＳＴＡＰ細胞事件に関しても同様のことが指摘されうる。幼いマウスのリンパ球を三〇分程度弱酸性の溶液に浸すだけで万能性が獲得されるとする事実は、それまで誰にも確認されたことがなかった。そのため、この成果に関しても「コアな専門家」はいなかったことなる。『ネイチャー』の審査員には再現実験を行うような時間的余裕があったはずはない。審査員たちは、確認実験を行わないまま、笹井が構成した論文の内容に説得されて採用の判定を下したと考えられる。「論議的」な水準の審査だけで採用・掲載が決定したと見てよいであろう。この場合にも、「笹井」以外に、「若山」、「理研」といった名前が並んでいたことが論文の信用性を高めたであろうことは、先にも述べたとおりである。

コリンズ的な観点に立てば、不正研究事件が今日これほど頻発しているのは、科学に関する成果が今や、非常に広範囲にわたって「論議的専門知」によって占められていることを反映した現象だと見られるであろう。もちろん研究不正はあってはならないことで、今後なくなることが望まれる。だが、時代とともに研究分野が細分化し、分野ごとの専門性が高まるばかりである状況下では、不正を防止するのは大変に難しい課題だと言わざるをえない。このような状況の下では、「コアな専門家」が判断できる領域は小さくなるばかりであるため、研究不正を見抜ける人も少なくなる一方だと考えられるからである。

ＳＴＡＰ細胞をめぐる喧騒に日本中が包まれていた時期、こうした不正を防ぐために、研究者に対する倫理教育を徹底しなければならないとか、不正をチェックする本格的な調査機関を設立してはどうかといった意見がよく聞かれた。こうした意見はもちろんもっともらしいし、間違っているわけではないが、私としては、実質的な効力は少ないのではないかと危惧している。こうした対策をかいくぐって研究不正を働くことは、容易だと思われるからである。研究者が時に人の目のないところで実験や観察を行うことがあるのは当然のことだし、そのような場で倫理規範を絶対に遵守するように要求しても、実質的な効果は少ないであろう。また調査機関を設けても、科学ジャーナルの審査が機能しなかったのと同じ結果になるように思われる。

私としては、こうしたことよりも、科学研究のあり方を今日支配している構造があることに目を向け、その方面での改革を目指すべきではないかと考えている。先にも論じたように、一番の問題は、国や企業等から資金援助を受けなければ科学研究を営むことができなくなっている点にあるのではないだろうか。前章で述べたように、今日の科学者たちは、国や企業等から資金をとりつけるために、センセーショナルな成果を発表したり、高い実用性が見込めるような研究成果を示すようにせきたてられている。また近頃では、研究機関が採用期間（任期）を限定することも多くなっていると聞く。決められた期間の中で大きな成果を出すことができなければ、任期の終了と同時に失職する以外にない。研究者にとって、当然これは大変に切実な問題である。

私としても、特にこれといった具体案があるわけではないが、このような構造や制度が変わらなければ、科学研究をめぐる不正を無くすのは難しいのではないかと考えている。何度か言及したように、ＳＴＡＰ細胞事件は例外的な事例ではなく、似たようなケースはほかにもたくさんある。構造的なもの・制度的なものが強固に働いていることが推測される。資金のことを心配せず、科学者が本来もっているはずの探究心に従って研究に専念できるような仕組みが、何とかしてできないものだろうか。また、本来の科学研究とは、成果を急ぐべきものではなく、時間の制約を気にせず地道な作業を根気強く続けるもののはずだろうという気もする。難しい課題であろうが、こうしたことを可能にするような構造や制度が何らか実現しないものであろうか。

もっとも、こうした問題については、やはり何よりプロの科学者が国や企業等と協議して、解決策や対応策を見出してゆくことが本道であろう。われわれ一般人としては、こうした問題よりも、すでにこれまで見られてきたように、科学技術をめぐる問題で、われわれの生活に大きく影響するものが数多く存在している状況について、考えを巡らせなければならない。現代人は、科学技術が生活の隅々にまで浸透し、一瞬たりとも科学技術に関わらないでは生きていけない、非常に特殊な時代を生きている。一時たりとも関わらないでいられない事柄について問題が生じているということであれば、当然、何ものをも差し置いて、まずそれについて考えなければならないはずである。次節では、われわれの身近にあってわれわれが応対しないわけにはいかない問題について、科学技術に関して素人であるわれわれがどのように考え、対処してゆくことができるかを考えることにしたい。

第四節　関連事象に関する知識

再三述べてきたように、今日われわれの身のまわりには、科学技術をめぐって判断を下すのが難しい問題が満ち溢れている。福島の人々の健康のことをどの程度憂慮するのが正しいのか、原発を廃止するべきか存続させるべきか、といった問題は、現在の日本が行き当たっている最も切実な問題にほかならない。またそれ以外にも、遺伝子組み換え作物は食しても健康に害がないのかどうか、農薬や洗剤、塗料等に含まれている人工の化学物質を恐れる必要はないのかなど、問題は挙げきれないほどたくさんある。

言うまでもなく、われわれの大多数は、科学に関して「コアな専門家」になることはできない。また、ごく限られた領域に関して「論議的専門家」になることは可能であるが、それも大多数の人にとっては難しいであろう。コリンズが自著のタイトルとして掲げた「我々みんなが科学の専門家なのか？」という疑問文に対するコリンズ自身の答えは「No」にほかならない。

また、分野の細分化と専門化が進む一方である科学の現況においては、なおさら、われわれ一般人が科学に関して知識を得ようとしても、大変に難しいのが実情である。では、われわれは今日、科学技術をめぐってこれほど多くの問題に直面しているにもかかわらず、何も考えることができず、何の判断も下すことができないのであろうか。

コリンズが論じているところによれば、われわれは絶望する必要はない。科学技術に関する知識そのものを手にすることはできなくても、関連する周辺的事象を考慮に入れることによって、科学技術をめぐる今日の悩ましい問題について考えることはできるとコリンズは言っている。このことを示すために、コリンズは様々な事例を挙げている。たとえば、かつて喫煙と肺がんの発症との間の因果関係をはっきり否定した科学者がいたという。多くの人が怪訝に感じていたところ、しばらくして、この科学者はたばこ産業から多額の資金提供を受けていたことが明らかになったという(19)。このような科学者が右のような主張をしても信用できないことは言うまでもない。

われわれ一般の素人は、喫煙と肺がんの発症との関係について、専門家として判断を下すことはできない。だが、大多数の科学者が喫煙によって肺がんの発症率が高まることを認めていること、それを否定する科学者はたばこ産業から資金を得ていたことを知ることで、この問題について正しい判断を下すことはできる。このように、科学的真理そのものではないが、それと関連する別の事象を参照することによって、科学技術をめぐる悩ましい問題について考えてゆくことができるのである。こうした周辺的事象に関する知識を本稿では、そのまま「関連事象に関する知識」と呼ぶことにしたい（これに関しても、コリンズが与えている呼び名は、「ローカルな差別化（local discrimination）」という非常に分かりにくいものである。社会学で用いられる用語であると思われるが、本書では分かり易さに配慮して別の言い方に置き換えることにしたい）。

コリンズは似たような例をほかにもいくつか挙げている。たとえば一九九〇年代から二〇〇〇年代初頭にかけて、イギリスで、おたふく風邪、はしか、風疹の混合ワクチン（MMRワクチン）に対する反対運動が起こった。運動を主導したアンドリュー・ウェイクフィールド医師は、混合ワクチンは自閉症の原因になることが考えられるため、ワクチンを個別に接種するべきだと主張した。このウェイクフィールドの主張に関しては、疑問視する見方も非常に多かったという。MMRワクチンが接種される時期は、そもそも自閉症が多発する時期と重なっていること、MMRワクチンを新規に導入した国において自閉症の増加は見られないといったことが根拠として挙げられた[20]。

時のイギリス政府（労働党）は、単独接種は混合接種（MMRワクチン）よりも効果が劣るという判断を下して、ウェイクフィールドの主張を認めなかった。ところが、MMRワクチン接種直後に子どもが自閉症になったという体験談を耳にしていた多くの親たちが、反対運動に乗ってMMRワクチンの接種を拒否したため、はしかの小規模流行まで生じてしまった。その一方で、自閉症の発症率には変化が見られず、悪影響ばかりが残る結果となってしまった。

後になってウェイクフィールドが、単独ワクチン接種への切り換えによって利益を得る企業から資金を得ていたことが明らかになったという[21]。ウェイクフィールドが本気で混合ワクチン接種から単独ワクチン接種に切り換えるべきだと考えたわけではなく、企業の便宜をはかって件の主張をしたことは明らかである。このような「関連事象に関する知識」がはじめから得られていれば、無用な不利益が避けられたことは言うまでもない。「関連事象に関する知識」は、専門家でなくてもやりようによって得られるものであるし、容易に理解もできるものである。われわれ専門家になれない者が求めて手に入れなければならないのは、このような知識なのである。

次に挙げるのは、南アフリカのタボ・ムベキ大統領が抗レトロウィルス薬（ＡＴＺ）を妊婦に配布しないことを決定したことにまつわる話である。ＡＴＺは、妊婦から胎児へのＨＩＶ感染を防ぐ効果をもつと考えられていたが、ムベキ大統領は、インターネット上に公開されている論文を読んで、ＡＴＺのもつ毒性が健康に深刻な害を及ぼす可能性があると考え、配布しないことを決定した。この決定はもっともらしくも見えたが、結果はＨＩＶの感染を拡大させただけであった。ムベキ大統領はどこで誤りを犯してしまったのであろうか。

ムベキ大統領が手にした説は、主流派の科学ジャーナルでは主張を公表できない異端的科学者が示していたものだったのである。たしかにかつてはＡＴＺをめぐる深刻な論争があったが、この論争は事実上すでに終結していたという。数百以上もある関連論文の中で、ＡＴＺのリスクを力説する論文は一つしかなく、ほかの論文はすべて、ＡＴＺに関して便益のほうが大きいことを結論づけていたという(22)。ムベキ大統領は、ＡＴＺをめぐる科学者間の論争状況等を知らずに、少数派の例外的な学説を採用してしまったのである。

今日われわれが科学技術の問題について考えるために必要なのは、こうした周辺的な事情を知ることであろう。科学技術に関する知識をもたないわれわれは、もちろん「コアな専門知」をもつことはできないし、「論議的専門知」もごくわずかしか手にできない。だが、こうした「関連事象に関する知識」であれば、われわれも入手することができる。今日われわれにとって重要なのは、こうした情報を手にすることなのである。

したがって、われわれが次に取り組まなければならない課題は、今日の人類が科学技術に関して抱えている問題について、「関連事象に関する知識」に基づいた考察を行うことである。「地球は温暖化しているのか」、「遺伝子組み換え作物は安全なのか」、「化学物質はどの程度危険なのか」等々、問題は挙げきれないほどたくさんある。

ただ、こうした問題のうち主要なものを検討するだけでも、紙幅はどこまでも必要になるであろう。われわれは思い切ってテーマを絞り、現在の日本が抱えている最大の問題について次章以下で考えることにしたい。その問題とは言うまでもなく原子力発電（原発）・放射線の問題である。

注

（1）本節の以下のまとめは、邦訳書所収の訳者解説に多くを負っている。邦訳者である鈴木俊洋氏にこの場で謝意を表したい。
（2）Harry Collins, *Are We All Scientific Experts Now?* (Polity, 2014), p. 21. 鈴木俊洋訳『我々みんなが科学の専門家なのか？』（法政大学出版局、二〇一七年）、二九頁。
（3）金森修『サイエンス・ウォーズ』（東京大学出版会、二〇〇〇年）、二〇八頁、参照。
（4）同右、八二頁、参照。
（5）本項で述べられている内容は、概ね金森の前掲書に依拠したものである。
（6）Collins, H., *op. cit.*, p. 84f. 邦訳、一一二頁。
（7）*Ibid.*, p. 82. 邦訳、一〇九頁。
（8）*Ibid.*, p. 81. 邦訳、一〇八頁。
（9）*Ibid.*, 邦訳、同右。
（10）*Ibid.*, p. 64. 邦訳、八七頁。
（11）*Ibid.*, p. 65. 邦訳、同右。
（12）*Ibid.* 邦訳、同右。
（13）*Ibid.*, p. 30. 邦訳、四〇頁。
（14）*Ibid.* 邦訳、四一頁。
（15）*Ibid.*, p. 64. 邦訳、八六頁以下。
（16）*Ibid.*, p. 68. 邦訳、九二頁。
（17）*Ibid.*, p. 84. 邦訳、一一一頁。

(18) *Ibid.*, p. 72. 邦訳、九六頁以下。
(19) *Ibid.*, p. 103f. 邦訳、一三八頁。
(20) *Ibid.*, p. 105f. 邦訳、一四〇頁以下。
(21) *Ibid.*, p. 107. 邦訳、一四二頁。
(22) *Ibid.*, p. 99. 邦訳、一三二頁。また邦訳、訳注60（邦訳、一八七頁）を参照。

第六章　核エネルギーの問題

――原子力発電・放射線の問題について「関連事象に関する知識」に基づいて考える（一）――

第一節　核エネルギーと原発の仕組み

原子核を分裂させて、物質を根本から別のものに変化させることが可能になったことは、二〇世紀の科学技術が生んだ最大の成果と見られてよいものである。かつて錬金術が目指していたのに似た成果を、人類はついに手に入れたことになる。また、原子核の分裂という通常では生じない変化は、巨大なエネルギーを発生させる。核反応が生み出すエネルギーを手にするということは、太陽でしか得られないようなエネルギーを手にするということでもある。こうしたことを可能にする科学技術の部門は、当然、科学者たちを大いに魅了するものであった。

核分裂によって生じるエネルギーは、多くの原子核が同時に分裂したときに途方もなく大きなものになる。そしてこのことが、少ない中性子をウランにぶつけるだけで可能になるのではないかということが、一九三〇年代末にオッペンハイマーらによって着想された。多くの原子核の分裂は、原子核を個別に分裂させるよりも核分裂を連続させることによって生じるのではないか、またこうした連鎖を生じさせることは十分可能ではないかと考えられて

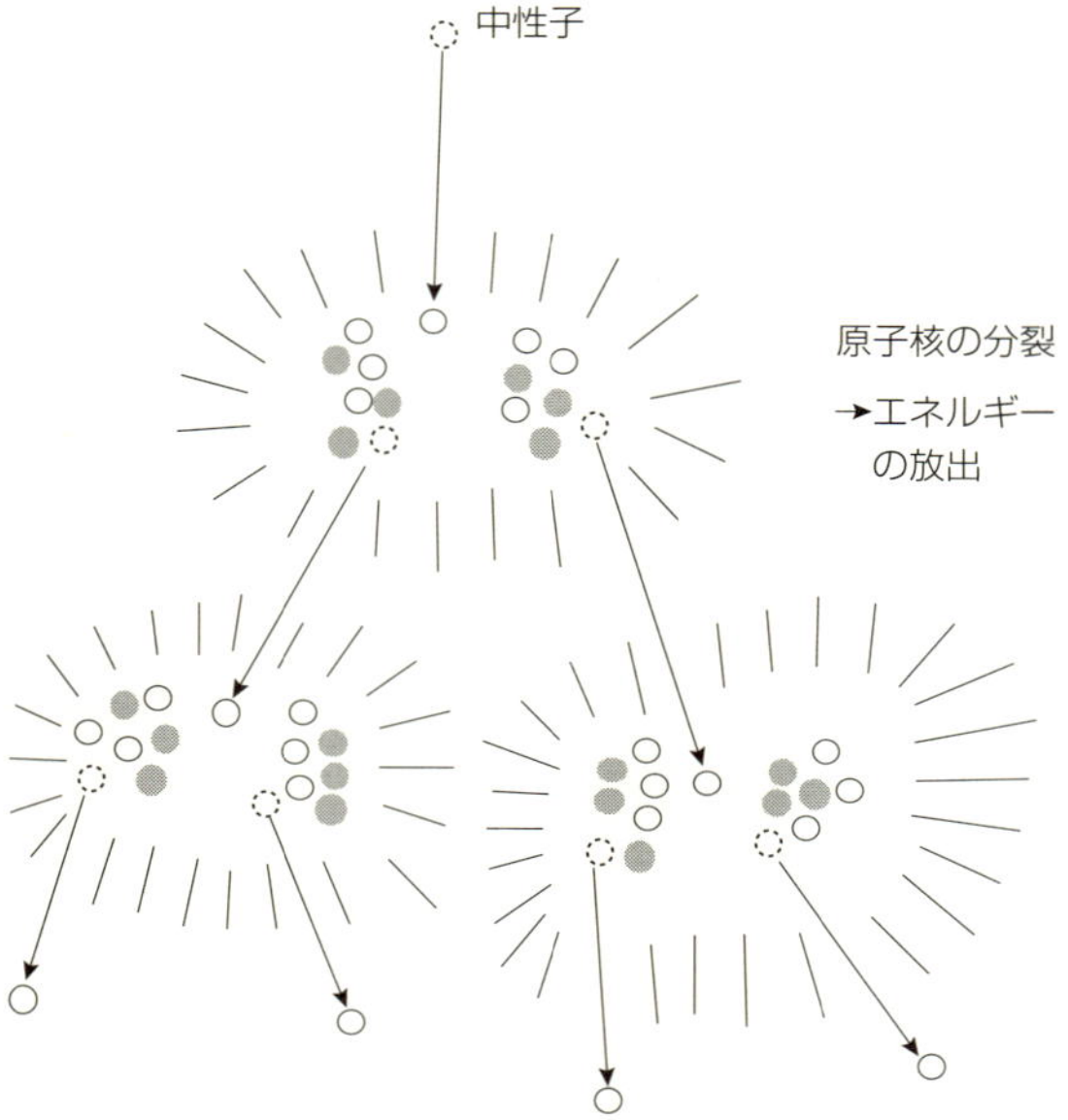

図6—1　臨界状態

いったのである。中性子がぶつかってウランの原子核が分裂すると、その原子から新たに中性子が飛び出す。そして、その中性子が次の原子核にぶつかれば、そこからまた中性子が飛び出すことになる。こうした連続の過程をつくりだすことによって、核分裂の連鎖を生じさせることができると考えられた（図6—1）。最初の一撃だけで多くの核分裂を生じさせることができるわけであるから、非常に少ない手数で巨大なエネルギーを得ることができることになる。このように大きな希望を感じさせる技術開発は、国家が主導して行うことになった。

核分裂が次から次へと連鎖する状態は、「臨界」と呼ばれる。臨界状態を生じさせて巨大なエネルギーを放出させようとする試みは、周知のように、まず原子爆弾の開発という形で取り組まれた。開発が成功して、広島と長崎に投下されてしまったことは、いまさら言うまでもない。本来地球上には存在しないはずの巨大エネルギーは、悲しいことに大量殺戮兵器の威力として活用されてしまった。臨界状態が

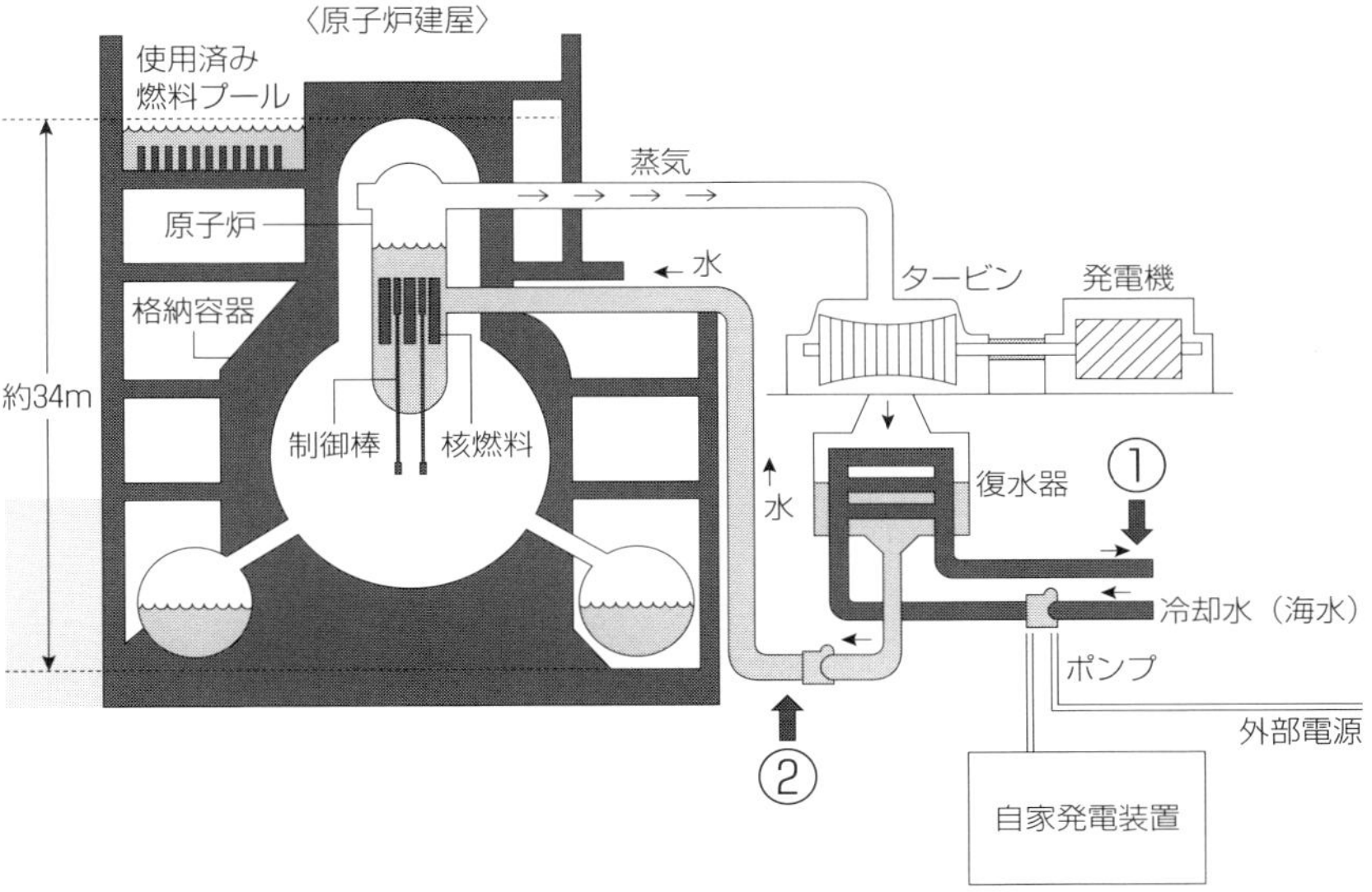

図6—2　原発の概略図

出典：水野倫之・山崎淑行・藤原淳登『緊急解説！　福島第一原発事故と放射線』（NHK 出版新書，2011年）21頁の図と池内了『私のエネルギー論』（文春新書，2000年）84頁の図に基づいて作成.

生じさせるエネルギーは、熱量にすると二〇〇〇万℃以上のものだという。広島と長崎で被爆した人がすさまじい火傷を負ったのも当然のことである。

　これほど大きなエネルギーが得られるということであれば、戦時中ではない平時にも利用できるのではないかと誰でも考えるであろう。そして、今日これだけ電力が必要になっている状況を見れば、発電のために利用できないかということは、ほとんどの人に思い浮かぶことであろう。もちろんそれは現実に行われるようになっている。右に略述された仕組みを利用して電力を生産するのが、言うまでもなく「原子力発電（原発）」という発電方式である。原発では原子炉内で臨界状態を作り出して熱を発生させ、この熱で水を水蒸気に変える。そして水蒸気を送ってタービンを回す。タービンの回転に接続させて磁界の中でコイルを回転させると、電気が発生する（図6—2）。水を熱して水蒸気をつくり、水蒸気によってタービンを回

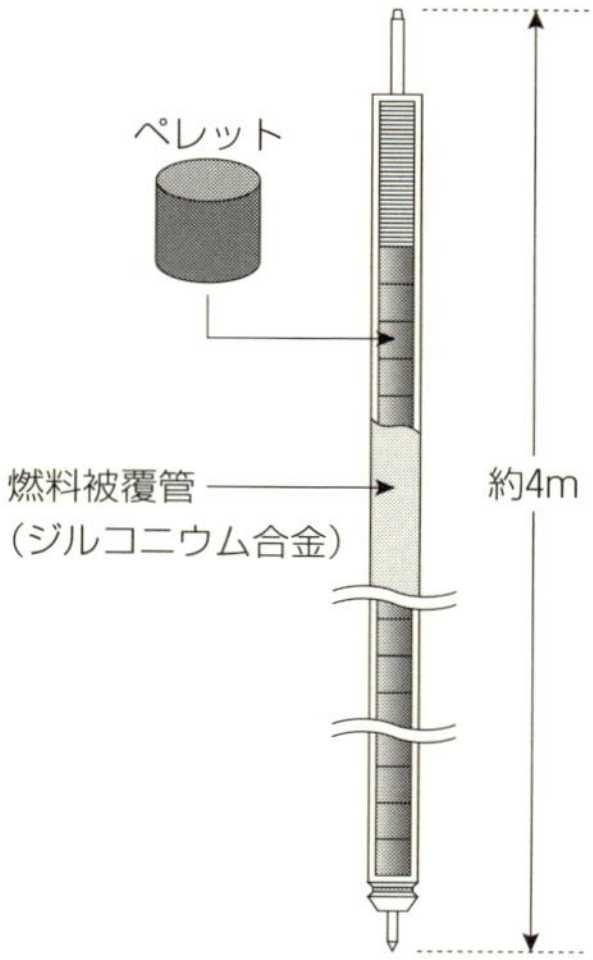

図６―３　燃料棒

出典：水野倫之・山崎淑行・藤原淳登『緊急開設！　福島第一原発事故と放射線』（NHK 出版新書，2011年）43頁より．

転させるという点は、火力発電と変わらない。火力発電と違うのは、原発においては火を立てる代わりに核反応を生じさせ、それによって生じる熱で水蒸気をつくる点である。

ただ、核反応によって巨大な熱が生じるとなると、原子炉が壊れることはないのかという懸念が生じるのは当然のことである。単純に原子炉内で核反応を生じさせれば、原子炉内は二〇〇〇万℃（念のために言うが、書きまちがいではない。二〇〇〇℃ではなく二〇〇〇万℃である）以上の高温になる。たえず水を送って冷やしながらでなければ、危なくて使えたものではない。そのため原発を運転するためには大量の水が必要になる。

原発の仕組みをごく簡略に見ておくことにしよう。原子炉内には、ウランを主原料とする燃料棒が入れられる。一本一本は細長く、針金状の形をしている。外側はジルコニウムという金属でできた鞘が覆っている（図６―３）。一本一本の細い燃料棒は十数本を単位として針金で束ねられる。この束が何本も原子炉内に置かれる。このようにしてウランが密集すると、多くの中性子が飛び交うようになり、臨界状態に達する。臨界状態では巨大な量の熱が発生し、この熱によって水が水蒸気に変わる。この水蒸気が先述のようにタービンを回して電気を起こす。

ただ、燃料棒の間には制御棒がはさまれることになる。制御棒は中性子を吸収する素材から出来ているため、飛び交う中性子の数を減らすことができる。制御棒を深く挿入したり、抜いて浅くしたりするといった調節は、外からできるように設計されている。核反応の進み具合を調節しながら原子力発電は行われる。

原子炉を十分な量の水で満たし、そこに制御棒を入れた後、その間にはさまるように燃料棒を入れる。制御棒を眼一杯に差し込んだ状態をまずつくり、そこから制御棒を少しずつ抜いてゆくと、ついに十分な数の中性子が飛び交うようになり、臨界状態が達せられる。

なお燃料棒は、使用後に原発の外に出すことはできない。燃料棒は放射線を大量に発する状態に至っているため、使用後も大変に危険な状態にある。そのため発電が終わった後も水につけて冷やし続けなければならない。しばしば話題に上る「使用済み燃料プール」とは、このように冷やす目的で燃料棒を水につけておくための水槽のことである（プールにはたえず水が送られていなければならない。大変な高温になっている燃料棒に触れた水は、あっというまに蒸発してしまうからである）。

また燃料棒だけでなく、蒸気のもととなる水（図6―2、②の水）も外部に出すことはできない。燃料棒から溶け出た放射性物質を大量に含んでいるため、この水は大変に危険だからである。密閉された中を回る水であるため、この水が外からつぎ足されることはない。タービンを回す役割を終えた水蒸気を冷やして水に戻し、もう一度原子炉内に返すことによって水は確保されることになる。

水蒸気を冷やして水に戻すために、さらにまた別の水が必要になる（図6―2、①の水）。水蒸気は原子炉内で二〇〇〇万℃以上の熱に接して生じたものであり、こうした高温の水蒸気を水（液体）に戻すためには、大変な量の水が必要になる。水蒸気は大量の水に触れて、長い時間をかけて水に戻されなければならない。大量の水を常時確実かつ簡便に調達しようとすれば、海水に頼る以外に方法はないであろう。原発は常時海水を引き入れ、常に内部を冷やす態勢にある（発電していないときにも、水②と使用済み燃料棒を冷却するため、原発内ではたえず海水が回っている）。このため、原発は例外なく海の沿岸部に建設される。

問題は、原発をこれからも利用し続けてもよいかということである。言い換えれば、原発は安全なものだと言えるかどうかということである。原子力発電はたしかに信じがたいような巨大なエネルギーの産出を可能にするが、ここまで見られたところからもすでに明らかなように、同時に大変なケアを必要とするものにほかならない。右に見たように、放射性物質が外に漏れ出ないようにたえず細心の注意を払わなければならないし、冷水も途切れることなく導き入れていなければならないからである。

いまさら指摘するまでもなく、日本では二〇一一年三月一一日に巨大地震が発生した（東日本大震災）のに伴って、福島第一原子力発電所で途方もない規模の事故が生じている。当然のことながら、この巨大事故をきっかけとして、日本では原発の是非を問う論議が大きな熱を帯びるようになった。次節では、この事故がどのようなものであったか、またそれをきっかけとしてどのような論議が生じたかを見ることにしたい。

第二節　福島第一原発事故の概要と日本の原発論議

まず、福島第一原発事故がどのようなものであったか、その経過を必要な限りにおいて辿っておこう[1]。

二〇一一年三月一一日、観測史上例のない激震に見舞われたとき、福島第一原発では自動停止装置が作動し、制御棒が目一杯に挿入されて核反応は停止した。だが、その後も残る二一～三〇〇〇℃の熱（崩壊熱）を除くことができず、数日間にわたって大パニック状態が続いた。先述したように、原子力発電所では、発生する巨大な熱を冷却するために絶えず水を回していなければならないが、このための装置が働かなくなったためである。原子力発電所は、自らが電気をつくる装置でありながら、外からも電気を得てポンプを動かし、水を送り続けなければならない（図6―2、①の水）。ところが、このための配電設備が津波で浸水して働かなくなったのである。またこのような非常事態に備えて、ディーゼル燃料による自家発電装置が設置されていたが、それも浸水して故障した上に、燃料タンクも津波で流されてしまった。

六基ある発電機のうち、稼働中だった一号機、二号機、三号機が〝空だき〟状態となり、原子炉内が大変な高温になって、原子炉の爆発が懸念されるような危機的状況に陥った（燃料棒が溶け落ちる現象（メルトダウン）が生じたことは、二ヵ月後に東京電力によって公表された）。

原子炉爆発という最悪の事態を避けるために、原子炉内の圧力を下げる目的で、弁を開いて原子炉内の空気を外に逃がす「ベント」という措置がとられた。そのため、大量の放射性物質が大気中に飛散してしまった。また燃料棒が溶ける際に水素が発生し、それに引火して爆発が生じたため、原子炉をおおう建屋が崩壊した。なお、休止中だった四号機でも、使用済燃料プールに水を送れなくなった影響で、やはり水素爆発が起こっている。

数日後、警察の高圧放水車や自衛隊の消防車、コンクリートポンプ等を用いて放水し、冷却が試みられた。またこの間、作業員の懸命な働きによって送電設備が復旧し、本来の冷却の体制がようやく回復する。二〇一一年一二月になって、政府（野田佳彦首相）は「冷温停止状態」（一〇〇℃以下の温度が維持された安全な状態）を宣言し、危機を脱したという判断を示した。この間、福島第一原発は廃止されることが決定し、それに向けた作業がいまも続けられている（終わるのは事故発生の四〇～五〇年後になると見られる）。

この間、政府が非難命令を発して、多い時で一四万人以上の周辺住民が自宅を退去させられた。被害規模はまことに甚大である。本書を執筆している現在（二〇一八年）でも、自宅に戻れない人々はまだ多数おり、重篤な混乱状態が続いている。

福島の巨大事故以降、日本では、原発に関して大量の著作物が上梓される状況が生じた。過去に例を見なかったような出版状況は、事の重大さを反映していると言える。だが、これほど情報があふれているにもかかわらず、明確な結論のようなものはなかなか見えて来ず、事態はいまも判然としない曖昧さを帯びている。科学者たちの見解も、原発を危険視して全面的な廃棄を主張するものと、事故を楽観視して原発の継続を訴えるものに、見事に二分している。「専門家」の見解が一致したものにならないために明確な判断が下せないという、前章までに見られた問題が原発をめぐっても生じている。

科学技術が生んだ最大の成果に関して専門家の見解が一致しないという問題は、まさにわれわれの探究の対象となるものである。前章で述べた手法に従って、われわれは「関連事象に関する知識」を手がかりにした検討を行うことになろう。もっとも、同様の意図の書物はすでにいくつも上梓されたと考えられるから、この点で、原発に関して本書で述べられることは、屋上に屋を重ねるものにすぎないかもしれない。ただ、これまで見たところに従って、「コアな専門家」、「論議的専門家」、「関連事象に関する知識」といった概念に当てはめながら原発問題について考えることには、十分な意義があると思われる。

ここではまず、混沌とした状況に少しでも見通しをつけるために、テーマを腑分けして整理をつけることを試みたい。私が見るところでは、今日の原発論議は、次の四つのテーマが混在した状態で行われており、その点で見通しがつきにくくなっているように思われる。

①福島第一原発事故の重篤度の問題。この事故はどのような点で、どの程度重大なものであったのか、東京

電力の責任はどの程度大きいものかといった問題。

②福島の事故を別にして、原子力発電という発電方式はそもそも妥当なものかという問題。福島のような事故が生じなければ、原発を続けてもよいのかという問題。

③事故に起因する健康被害は本当にあるのか、あるとすればどのようなもので、またどの程度のものかという問題。放射線によってがん等の病気が現実に増えるのかといった問題。

④原子力発電に代わる発電方式はあるのかないのかという問題。日本は原発による大量発電によって電力を賄ってきたが、原発を廃止した場合に電力は足りるのかという問題。

いずれも非常に重大な問題にほかならない。この四つの問題について、以下で順に考えてゆくことにしたい（テーマ③は第七章で、テーマ④は第八章で検討する）。科学者でないものが新たな情報を提供することは無論できないが、すでに山のように出版された書物から得られる情報に依拠して、「関連事象に関する知識」に基づく検討を試みたい。なお、原発の問題に関する本書の結論をここであらかじめ述べておくことにしよう。原発はいずれ廃止されなければならないと私は考える。この結論は、福島の事故よりも以前から②の問題を考えてきて、私がすでに至り着いていたものであった。そして、あらためて原発の問題を検討してみて、この確信は強まりこそすれ弱まることはなかった。

ともあれ次節以下で、①―④の問題を考えてゆくことにしよう。

第三節　福島第一原発事故の重篤度

①の問題から見てゆこう。福島の事故がどれほど重大なものであったか、国際機関が査定しているところはまったく明らかである。事故の深刻度は「国際原子力事故評価尺度」の最高度に位置する「レベル七」に評定されており、「フクシマ」は今日「チェルノブイリ」と並ぶ最悪の原発事故を表す呼称になっている。事故の具体的な内実として、どのような点で重篤度が高かったのか、見なければならない。

先に見られた事故の概要に即せば、本事故は非常用冷却装置が働かなくなったために生じたと考えられるし、実際にそのような解説が一般的になっていた。そして、それは想定外の巨大な津波が襲来したことが原因だとされていた。もしこれが事故のすべてであるとすれば、「レベル七」という悪性度にもかかわらず、本事故は原発を否定する理由にはならない。というのは、非常用冷却装置が正常に働きさえすれば、事故は起きずにすんだと考えるのが正しいからである。しかも東京電力が訴えているように、襲来した津波が想定外の巨大なものであったならば、東京電力の負う責任は少なく見られてよいことにもなる。事故後、非常用冷却装置がもっと高所に設置されていれば、今回のような大事故は起こらなかったという指摘も実際によく行われた。実際そのように設計されていた福島第二原発や東北電力女川原発は同様の事故を起こしていない。

意外に思われるかもしれないが、一般に知られている事故の内実に即して考える限り、福島の事故は原発を廃止するべきとする主張の根拠にはなりにくい。このような事故を起こさないように設計すれば、原発を続けても構わないということになるからである。実際、第二次安倍晋三政権は、発足間もない時期（二〇一二年一二月）には「安全に設計された原発を新設する」という意向すら表明していた。

だが、これだけで話は終わらないのであり、そこにこそ問題があると言わねばならない。思い出されたいのは、事故後二年半近くもたつ二〇一三年七月末の報道である。高濃度の放射性物質を含んだ汚染水が、事故後ずっと大量に海に流れ出ていたことが公表された。ドラム缶の中に収められて外に出てはならない汚染水が、事故後絶え間なく太平洋に流出し続けていたことが判明したのである。流れ出た水の量は何万トンに及ぶだろうか。東京電力はこのことをずっと隠していたわけである。

この後も汚染水漏れはたびたび発覚して報道の対象になってきた。「地下水に混ざって海に流出している」という趣旨の報道が、この後にもたびたび行われた。ということは、要するに話は単純で、放射性物質を含んだ汚染水は事故発生以来、原子炉からそのまま下の地中に絶えることなく浸み込み続けているのである。そして、完全に止まったという報告はまだない。地中に水ガラスを注入して遮蔽壁を作るという対策が講じられているように言われ、それを建設しようとしている話は時々耳にされたが、それが実際に完成したという報は本書を執筆している現在もない。

汚染水漏れの話は事故発生直後にもあった。漏れ出た高濃度の汚染水を収めるスペースをつくるために、濃度が比較的低い汚染水が海中に放出され、漁業関係者から強い批判が生じた。しかし、汚染水漏れがその後も続いていることは知らされてこなかった。この状況下では、原発の仕組みを少しでも知っていれば、汚染水が漏れたとしても、何かのはずみで一部が一時的に漏れ出ただけだと思った人が多いはずである。先にも見たように、本事故は非常用冷却装置が作動しなかったことが原因だと言われており、それによって回される水は、水蒸気になった汚染水を液体に戻すための冷却水（海水、図6―2の①）にすぎないからである。水が関係してくるとしても、それは放射性物質を含まない海水にすぎないと考えるのが普通であろう。

だが、放射性物質を含んだ汚染水の流出がここまで続くということは、この冷却水とはまったく別の水が漏れ続けていたということであり、それは原子炉外に出てはならない水〔図6―2の②〕にほかならない。また原因も、非常用冷却装置の不備とは別のところに求められなければならない。福島第一原発事故については、一般に知られているのとは別にも原因があって、そのために放射性物質が外部に漏出し続ける状態を止めることができないでいるのである。強い毒性をもつために外に出てはならないものが漏れ続け、止めることができないというのであるから、事態は途方もなく深刻である。そして、それにしては報道や人々の反応には危機感が感じられないようにも見える。

すでに出版されていた書物を当たり直してみると、原発を熟知している「コアな専門家」の目には、こうした事態は事故直後にすでに明らかであったことが分かる。ある専門家は、事故のわずか数ヵ月後に上梓された本の中で、非常用冷却装置の不作動とは関係なく、地震動によって配管が破断ないし破損し、そこから冷却材〔汚染水〕が漏れ出ていることは確実だと述べている。地震発生後の記録を辿ってみると、原子炉内の水位が異常な速さで低下し続けたことが確かめられ、このことは汚染水が配管の破断・破損箇所から抜けて行ったと考えなければ説明がつかないというのである。しかも、この異常な水位低下は津波が到来する以前にすでに生じていたという。(2)

同じ本のなかで別の専門家は、格納容器がすでに破損していること、そのため原子炉内の汚染水が破損箇所を通って下の地中に浸み込んでいることを、事故の直後にすでに見抜いている。(3) この時点で、溜まっていると推測される汚染水の量は一〇万トンであったという。

冷却用に注入した水は、破損した格納容器から、原子炉建屋やタービン建屋の下部に高濃度の放射線汚染水として漏出し続けている。発電所全体ですでに一〇万トンもの汚染水がタービン建屋の地下に溜まっており、年内にさらに一〇万トンもの汚染水が出るという。また梅雨や台風で雨が増えれば、原子炉建屋の屋根がないため、さらに汚染水が増えることになる。〔改行〕格納容器が閉じ込め機能を失っている以上、放射性物質の確実な漏洩防止は望むべくもない。どこに亀裂が入っているかわからない建物に何ヵ月も高濃度の汚染水を放置することは、海や地下水への漏出の危険がある。(4)

二年以上後に明らかになることがすでに見事に言い当てられており、いま読むとかなり驚かされる指摘である。「コアな専門家」の目には、事故の真相はすでにまったく明らかだったことが分かる。原子炉から出てはならない汚染水が外部に漏れ出るようになったことは、事故の直後の時点ですでに疑いようがなかった。この現実をどのように受けとめるべきだろうか。

東京電力がこのことを二年以上も公表しなかったことを考えれば、事態がいかに深刻であったかが分かる。深刻な事態でなければ、東京電力はすぐにでも事実を公表したであろう。あまりにも酷い事実であるため、口にするのが憚られたとしか考えられない。また公表したところで手の打ちようもなかったであろう。だが、これほど重大な事実を秘匿してきたことに対しては、東京電力の責任が厳しく問われなければならないはずである。

ところで、上のような状況であるにもかかわらず「冷温停止状態」が宣言されたということはどういうことであろうか。原子炉が常時水で満たされていなければ冷温状態は保てないはずだが、水漏れが止まらないにもかかわらず原子炉が水で満たされているということは、どのように考えれば理解されうるであろうか。何らかの方法で原子炉への注水を続けて、原子炉を水で満たしているが、入れても入れても水は放射性物質を引き連れてダダ漏れし続けているということしか考えられない。見ようによっては、わざわざ放射性物質の漏出が促されていると言うことすらできよう。そしてわれわれは、いまもなす術なくそれを静観している以外にない。無力感に打ちひしがれたように感じるのは私だけであろうか。

これに対して、この問題について楽観的な見方をとろうとしている専門家もいる。このような科学者の見解も検討して、われわれ自身の判断の是非を確かめることを試みなければならない。楽観的な見方をとろうとする科学者は、後から明らかにされた汚染水の漏出量が、事故発生直後の漏出量に比べるとはるかに少ないことや、ＡＬＰＳというフランス製の装置によってトリチウム以外の放射性物質が除去されていることを強調している[5]。こうした意見をどう受けとめるべきか、検討しなければならない。

関連事象を総合的に考慮すると、こうした楽観論が希望を与えるものではないことは明らかである。たとえばある科学者は、ＡＬＰＳを用いて対処した点で東京電力を高く評価しているが、このような評価は妥当と言えるだろうか。この対処がどの程度の効果をあげたかを見ながら考えなければならない。この科学者は、ある時点について「三五万トンの汚染水のうち、五万トンほどはＡＬＰＳで処理された[6]」と述べている。だが、三五万トンのうちの五万トンが処理されたというのを大きな成果と見なすことはできるだろうか。できないであろう。汚染水がその後もたえず漏出し続けていることを考えれば、ＡＬＰＳによる処理は追いつかないと見るほうが正しいと思われる。

また別の科学者は、汚染水の漏出量が事故直後に比べればはるかに少ないことを主張して、福島の事故を軽いものと見なそうとしている。だがこのことは、裏返して言えば、事故直後の漏出量がそれだけ莫大だったことを意味している。これを比較の基準にして、その後も続いた汚染水漏れを些事と見なすのは詭弁にほかならない。こうした主張は、楽観的な見方をとりたいという欲求によって導かれたとしか考えられない。

それに、確認のために分かりきったことをあえて言えば、時間とともに放射線量が単純に減少することを期待することはできない。よく聞かれるようになった放射性物質であるセシウムは、半減期が三〇年であり、無害化するまでに一〇〇年近くもかかる。海産物に含まれる放射性の値が事故直後に比べて大きく下がったことが確認されているが[7]、それは放射性物質が太平洋に広く拡散して薄まったからにすぎず、放射性物質はむしろ広がりを大きくしているとも言える。

関連する事象を総合的に考慮に入れるとき、福島第一原子力発電所事故がこれ以上ないほど重篤な原発事故であったことは、まったく明らかである。国際原子力機関が評定したように、「フクシマ」は「チェルノブイリ」と並ぶ最悪の原発事故を表す指標にふさわしい。われわれが感じる絶望の闇はどうしようもないほど深く、大きな溜息をつきたくならないだろうか。事故発生から四〇—五〇年もの間、本来ならば外に出てはならない放射性物質が絶え間なく海に流出し続けるという事態を正視すれば、本心でやりきれなさを感じない人がいるとは思えない。

第四節　放射性核廃棄物の問題
——事故を起こさなければ原子力発電を続けてもよいのかという問題——

続いて②の問題について考えよう。検討しなければならない事案は様々あげられるが、ここでは特に放射性核廃棄物の蓄積の問題を取りあげることにしたい。これは、事故が起こるか否かに関係なく、原発を操業するかぎり不可避的についてまわる問題である。また、原発を危険視する理由としてよく取り上げられる問題でもある。

ウランのうち中性子の衝突を受けて核分裂するのは、全体の一パーセントにも満たない部分（ウラン二三五）にすぎず、圧倒的な量を占めるウラン二三八は、中性子が衝突するとそれを取り込んでプルトニウムという物質に変わる（プルトニウムは、もう一度中性子がぶつかると核分裂して、巨大なエネルギーを生じさせる）。

ウラン二三五は、分裂すると天然には存在しない様々な放射性物質に変化する。キセノン、ストロンチウム、トリチウム、放射性ヨウ素、セシウムといった物質である。これらの物質からは放射線が放出し続ける。原子炉内で核反応が生じると、プルトニウムやこうした放射性物質が後に残る。使用済燃料棒として残る以外に、先ほどから見てきたように水中にも溶け込み、また配管など原発内の様々な箇所にも付着する。燃料棒が取り換えられたり、定期点検で部品交換等が行われるとき、放射性物質とそれにまみれた古い部品が廃棄物として取り出されることになる。これらの廃棄物の量は、日本国内の原発が通常稼働する場合、一年間で約一〇〇〇トンにのぼるという。

問題は、これらの廃棄物が大変に危険であるため、人が近づかないような場所に厳重に保管しなければならないことである。放射線を人の手で消す方法がないため、これらの物質を短時間で無害化することはできず、放射線が出なくなるまで待つ以外にないからである。先述したように、セシウムが無害化するには一〇〇年近く待たねばならない。さらにプルトニウムに至っては、半減期は何と二万四〇〇〇年で、放射線が無くなるには一〇万年待たなければならない。

これらのうちプルトニウムに関しては、さらに中性子がぶつかるとウラン二三五と同様に分裂して巨大なエネルギー（熱）を産み出すため、発電のために再利用する道が長い間模索されてきた。そして、プルトニウムをむしろ大量に後に残し、燃料として利用する目的で、通常とは異なる方式の原発の開発が目指されてきた。こうしたことを可能にする原子炉は「高速増殖炉」と呼ばれる。また通常の原子炉（サーマル炉）で、ウランにプルトニウムを混合させて消費する方式も検討されてきた。この方式は、和製英語の「プルサーマル」という名前で呼ばれている。

考案されてきたこうした解決法が有効なものかどうか、関連する事象を総合的に考慮にいれて検討しなければならない。高速増殖炉はどうしても事故を起こしやすいため、四〇年以上実験しても実用化に達していない。実証炉「もんじゅ」は空しく廃止されることが二〇一六年に決定した。またプルサーマル計画も、炉の損傷が激しすぎる等の問題を様々に生じさせるため、実施が何回も延期されており、いまだに実現の目途が立たない（最近では二〇一四年一一月に、何と二二回目の予定延期が決定した）。「関連事象に関する知識」に基づく限り、こうした対処法に希望をもつことは到底できない。

また仮にプルトニウムを消費することができたとしても、それ以外にも放射性廃棄物は大量に蓄積してゆくから、それを最終的にどう処分するかが決定されなければならないはずである。この問題についても関連事象を考慮に入れて検討しなければならない。

驚くべきことに、こうした廃棄物を最終的に収める場所は、全世界でもフィンランドのオンカロ以外にどこにも決められていない。放射性核廃棄物は原発の敷地内に蓄積され続けているのが現実である。このように有害な廃棄物がただただ増えるばかりである状況は、よく「トイレなきマンション」という比喩で表現される。現在の状況を知る限り、放射性核廃棄物の問題に関して、とても希望をもつことはできない。

また、もし今後処分地が確保されれば本当に問題がないのかどうかも、われわれが検討しなければならないことである。現在考えられているのは、廃棄物をガラス固化体にして地下三〇〇—五〇〇メートルの場所に埋設するという方法である。計画によれば、ガラス固化体は長さ一・三メートル、直径四〇センチメートル、重さ八〇〇グラムほどの大きさで、さらにその周囲が厚さ一九センチメートルの円筒形の炭素鋼容器で包まれるという。このような形状で埋設される廃棄物は、先にも触れたように、無害化するまでに一〇万年かかる。

一〇万年もの長い期間、人が近づかない場所に放射性物質を保管することは本当に可能だろうか。不安になるのが普通の人の感じ方ではないだろうか。一〇万年という時間の長さは、われわれの感覚の追いつきようのないもので、一〇万年後の風景は想像することさえ難しい。この間、地殻変動等の影響によって廃棄物が漏れ出るようなことはないだろうか。また、放射線を浴び続けたガラスや金属容器が砕けて粉状になり、地下水に混入して外に流出するようなことはありえないだろうか。

この問題についても専門家たちの考えは一致しない。科学者によっては、こうした不安をまったく考慮に入れない人もいる。ある科学者は、よく言われる「何万年も管理しなければならない」という言い方は正しくなく、「何万年も管理しなくても良い方法で廃棄物を社会から隔離する」と言うのが正しいという(8)。また別の科学者も、「一〇万年の保管が必要」などと言うべきではなく、「ガラス固化体にすれば一〇万年でも保管できる」と言うべきだと述べている。(9)

科学者がここまではっきり断言していることを知れば、われわれ素人はその通りだと信じそうになる。だが、ほかの科学者の意見も参照して、「関連事象に関する知識」に基づいて判断しようとすると、話がそう単純ではないことが分かる。これと正反対の見方をとる科学者もいるからである。ある科学者によれば、あまりにも長い時間が関わる事柄については、そもそも予測を立てることが不可能だという。

放射性廃棄物の地下処分を正当化しようとする立場で書かれた報告書には、ガラス固化体を覆う金属部分は一〇〇〇年後も腐食しないで残ると書かれているという。そして、その根拠として、一年間の腐食実験の結果が挙げられているという。(10)だが、一年間の経過観察だけに基づいて一〇〇〇年間の変化を予測することには、どう見ても飛躍がある。科学者の立てる予測が正当な根拠に基づくものではないことが分るであろう。まして、一万年後、一〇万年後のことを、科学者が神の目をもつかのようにして予言することなどできるわけはない。次の引用箇所で科学者自身が述べているように、科学者の下す判断は価値中立的なものではありえず、いつも何らかの目的が絡んだものであることを、われわれは知らなければならない。

技術は事業者の目的に沿って具体化され、実現される。物づくりにおいて何を重視し、どういう製品にするかは、技術者を含む事業主体が判断する。技術は価値観にもとづいて選択されるのであり、価値中立的ではない。〔改行〕地震予知や環境アセスメントのような「予測」も、「技術」と同じような位相にある。予測は、科学的知見を基礎とするが、科学的行為である認識そのものが目的ではなく、その知見を社会のなかで使うことを目的にしている。炭素鋼オーバーパックが一〇〇〇年もつかどうかという「予測」もそうである。予測は、それを必要とする人たち（事業者や社会）が要求するものであり、その人たちの価値判断や予断が予測に影響を及ぼす[11]。

このことをある精神科医は「予測は、ほぼいつも『期待』という色眼鏡を通した予測なのです」という言葉で表現しているという[12]。放射性廃棄物が一〇万年ものあいだ安全に保管されると主張する科学者は、純粋に予測をしているのではなく、自分に都合のよい期待に基づいて予測を立てているのである。科学者が示す認識や判断が、純粋な科学研究や科学的知識には関わらない事柄によって大きく影響されるということは、われわれがぜひ知っておかなければならないことであろう。

こうしてみると、科学に関する素人が議論に参加する余地もあることが分かるであろう。専門家や論者たちの主張を参照しながらも、われわれの観点から放射性廃棄物の問題について検討することを試みなければならない。

数百年したころ、外側を覆う炭素鋼が朽ち落ち、強い放射線を浴び続けて粉状になったガラス固化体が露出してしまうことはないだろうか。そこにいつごろからか地下水が通るようになって、粉を混入させて外に漏れ出し、あらぬ場所に放射性物質を流れ出させるようなことはないだろうか。こうしたことを私は危惧する。これを聞けば、科学者によっては「単なる妄想にすぎない」として一笑に付す人もいるであろう。実際ある科学者は「地質学的研究によると、深い地下は、何十万年にもわたって何の変化も起こっていないことが確認されています[13]」と言っている。

だが、「何十万年にもわたって何の変化も起こっていない」というのは、本当に価値中立的に下された判断であろうか。そこに何の期待も価値観も混入していないと言いきれるだろうか。仮にそれが確かな判断だとしても、今後も変化が起きないと断言できるだろうか。周知のように二〇一六年に熊本で、二〇一八年に北海道で大地震が発生したが、この地震を予知できた科学者は一人としていなかった。今後どこでどのような地殻変動が生じるかは、誰にも判断がつけられないはずである。先に述べた私の予想は、単なる妄想として笑われても仕方のないものかもしれないが、そうだとすれば、逆に今後まったく変化が起きないとする予測も、同様に妄想にすぎないはずである。

要するに、一〇〇〇年後、一万年後、一〇万年後のことは、科学者も含めて誰も何も言うことができない。ここでわれわれは、ヨナスが「恐れを義務であると宣言する」と言っていたことを思い出さなければならない。われわれが見ている問題は、ヨナスの主張が正確に当てはまるものにほかならない。誰にも答えが出せないような問題に行き当たった場合には、われわれは希望よりも恐れのほうを重視しなければならない。放射性核廃棄物を地下深くに入れて処分しようとする行為からは、後の世代の人が不都合を被ることになる恐れが非常に大きい。このようなことをしている限り、われわれは後の世代に対する責任を果たしていると言うことはできない。廃棄物から出続ける放射線を消失させる技術が確立しない限り、核エネルギーを用いる発電方式を採用することはやはり許されない。

一〇万年という通常の想像力が追いつかない長さの時間が関わってくるため、核廃棄物の問題について考えようとすると、何やら妄想めいたものが絡まってくることは、これまでに見た通りである。ここで参考までに、ほかにも妄想まじりと思われる考えがあることを紹介しておこう。ある論者によれば、廃棄物をガラス固化体にして海溝の底に沈めることも一考に値する案だという。そうすれば廃棄物は、移動するプレートとともに地球の内部に巻き込まれていって、本来の故郷に戻ることになるという(14)。しばしば言われるように、誕生時の地球は核分裂反応にまみれた火の玉であった。何億年もかけて表面が冷えて、生物も生息できる環境となったが、内部は誕生時の燃えさかった状態が続いており、マグマで満たされている。そのため、海溝深くに廃棄物を沈めれば、プレートの移動とともに廃棄物が核反応の世界に戻ってゆくというわけである。

ありえないことではないであろうが、こうした考えには想像力が働きすぎているように思われる。海溝の最深部を正しく見定めて、そこに廃棄物を沈めることは本当に可能なのか。本当にプレートの移動とともに地球の内部に巻き込まれていくと断言できるのか。仮にそうだとしても何万年先、何億年先のことになるだろうか。それ以前に、海底が放射線照射によって大きく汚染される恐れのほうが、はるかに大きいであろう。

このように、核廃棄物の問題について考えようとすると、妄想的な仮説がどうしても絡まり込んでしまって、話に決着がつかない。こうした話を突き合わせて論争しても、答えは出ようがないため、結局のところ無益な作業になろう。このような無意味な議論をするよりも、原発を廃止して放射性核廃棄物を残さないようにするための具体的な方策を考えるほうが、はるかに建設的である。

ともあれ、放射性核廃棄物が残り続けるという問題を勘案すれば、原子力発電が、事故さえ起こさなければ続けてよいようなものでないことは明らかである。福島の事故を単に一時的なもの、不運な偶然によるものと見なすことで、原発を擁護することは到底できない。

次にわれわれは問題③に取り組まなければならないが、重要な問題であり、検討に大きな紙幅を要するため、章をあらためることにしたい。

注

（1）事故の経過を辿るに当たっては、次の本をかなり参考にした。水野倫之・山崎淑行・藤原淳登『緊急解説！　福島第一原発事故と放射線』（NHK出版新書、二〇一一年）。
（2）田中三彦「原発で何が起きたのか」、石橋克彦（編）『原発を終わらせる』（岩波新書、二〇一一年）、所収。
（3）後藤政志「事故はいつまで続くのか」、同右、所収。また別の専門家も次の本の中で同様の指摘をしている。小出裕章『原発のウソ』（扶桑社新書、二〇一一年）、二八頁。
（4）後藤、同右、四〇頁。

(5) 澤田哲生(編)『原発とどう向き合うか——科学者たちとの対話二〇一一~一四——』(新潮新書、二〇一四年)、一九二—四頁。
(6) 同右、一九三頁。
(7) 空本誠喜『汚染水との闘い——福島第一原発・危機の深層——』(ちくま新書、二〇一四年)。
(8) 山名元・森本敏・中野剛志『それでも日本は原発を止められない』(産経新聞出版、二〇一一年)、一〇六頁。
(9) 澤田、前掲書、一七七頁。
(10) 井野博満「原発は先の見えない技術」、前掲『原発を終わらせる』所収、九四頁。
(11) 同右、九九頁。
(12) 同右。
(13) 山名ほか、前掲書、一〇七頁。
(14) 藤澤数希『「反原発」の不都合な真実』(新潮新書、二〇一二年)、一六七頁。

第七章　放射線がもたらす健康被害の問題

——原子力発電・放射線の問題について「関連事象に関する知識」に基づいて考える（二）——

一五一頁に挙げた③の問題を検討することにしよう。

いまさら言うまでもなく、福島第一原発の周辺地域では、事故から数年が経ったいまでも放射線量が大きい。原子炉の爆発を防ぐために原子炉内の空気を外に逃がす「ベント」という措置がとられたため、放射性物質が広く飛散した。見えない粒子の状態で地表にまかれた放射性物質は、風に運ばれて次第に拡散し、雨水とともに流れ去って行くため、もちろん放射線量は時間とともに減少している。居住が禁止される区域も次第に小さくなっており、自宅での生活の再開が許可される人も徐々に増えている。福島第一原発に近い地域の人々に、放射線による健康被害が生じることはあるのか否か、あるとすればどのようなものがどの程度あるかといったことは、事故に関して最も関心がもたれる問題であろう。

以下で次第に見てゆくことになるが、何とも不可解なことに、この問題についても、「コアな専門家」とみられる医師や科学者の意見は見事なまでに一致をみない。「大したことにはならない」、「心配する必要はない」という趣旨の、非常に楽観的な見解を示す医師や科学者がいる一方で、これとは正反対に、非常に強い懸念を表明する専門家もいる。たとえば、東京大学医学部附属病院の放射線科医師である中川恵一は、「フクシマではがんは増えな

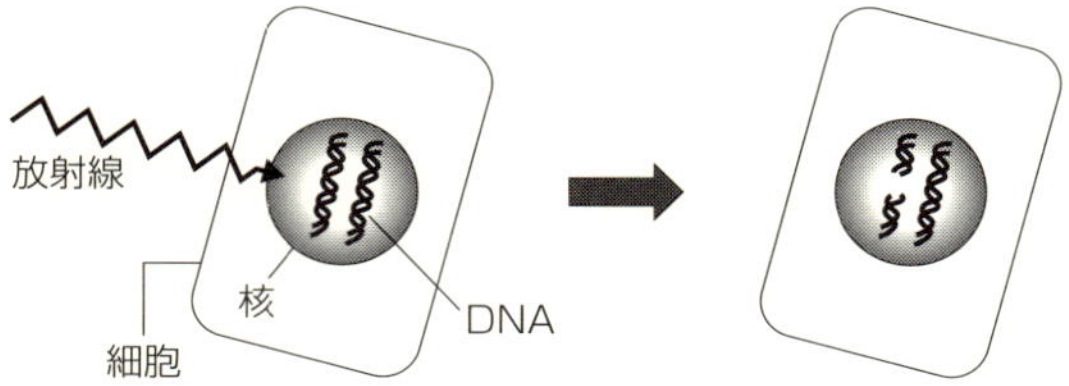

図７―１　放射線による DNA の切断

い」と断言して憚らない。だが他方で、事故当時内閣官房参与を任じられていた小佐古敏荘のように、福島における放射線量の多さとそれに対する政府の対応に失望し、涙を流すほど悲観的な姿勢を表した科学者もいる。小佐古は本来、放射線安全学を専門とする東京大学教授である。小佐古が涙を流したのは、二〇一一年四月に文部科学省と厚生労働省が、放射線量が年間二〇ミリシーベルト以下の校舎や校庭は通常どおりに利用されて構わないという判断を下したときであった。年間二〇ミリシーベルトという値は子どもが浴びる放射線量としてはあまりにも多すぎるとして、小佐古は強く抗議し、参与を辞任した。

放射線が人体に与える悪影響としては、何といってもＤＮＡの切断がある（図７―１）。放射線を浴びる機会が多くなるほど、細胞核内のＤＮＡの切断箇所が増えて蓄積してゆき、がんになる可能性も高くなる。このことは、成長期にある乳幼児や子どもたちに関して特に懸念される。というのは、身体が成長する年少時は、大人に比べて細胞分裂がはるかに活発であり、本来二本で対になっているＤＮＡが一本になる機会が大人よりもはるかに多いからである。一本になったＤＮＡは、二本で対になった状態にあるときに比べて安定性を欠くため、放射線による切断が生じやすい。そのため、年少の子どもほど放射線の影響による発病の可能性が高い。

福島でこうした問題がどの程度顕在化するかについて、専門家の意見は右に見たように顕著に対立する。次にわれわれは、この問題についても、これまでと同様に「コアな専門家」、「論議的専門知」、「関連事象に関する知識」といった概念に照らして考えることにしたい。

検討の順番としては、まず、「コアな専門家」の一人である中川恵一医師の楽観論の内容[1]を見ることが分かりやすいと思われる。その後に悲観論者の主張をそれに突き合わせることにしたい。

第一節　中川恵一の主張

中川の主張は一見楽観的すぎるようにも見えるが、自らのもつ専門知に忠実に従おうとする姿勢が貫かれており、この点で、とりあえずは大きな説得力を感じさせるものである。中川の主張の根拠は何より、放射線が病気を生じさせる事実としては「一〇〇ミリシーベルト浴びると発がん率が〇・五パーセント上がる」こと以外に確かめられていないという点にある。中川によれば、一〇〇ミリシーベルト以下の被曝ではがんの増加は確認されておらず、それゆえ、一〇〇ミリシーベルトよりもやや下のところに、人体に悪影響を及ぼす放射線量とそうでない放射線量との境目があると推測されるという。この境界値は「閾値（しきいち）」と呼ばれる（図7―2）。

先にも述べたように、放射線が人体に与える影響としては、何といってもＤＮＡの切断が問題である。だが中川によれば、閾値よりも少ない放射線を浴びた場合には、ＤＮＡは切断されても修復すると考えられるという。また中川は、がんになることを本気で心配するのであれば、その原因として放射線のことばかりを気にするのは不合理であるとも言う。喫煙や精神的ストレス、食事の偏り（野菜の摂取不足）など、がんの原因として警戒しなければならないことはほかに山ほどあり、放射線の影響ばかりを気にして慣れない生活を送るようなことがあれば、そのほうがずっとがんの原因になりえるという。したがって放射線量が多少高い地域でも、避難して日ごろの生活を放棄するよりも、その地にとどまって慣れた生活をするほうが、がんになる確率は低くなると中川は言う。

そしてこのことは、広島と長崎で被爆した人々の状態を調査した結果、明らかになったことだという。広島と長

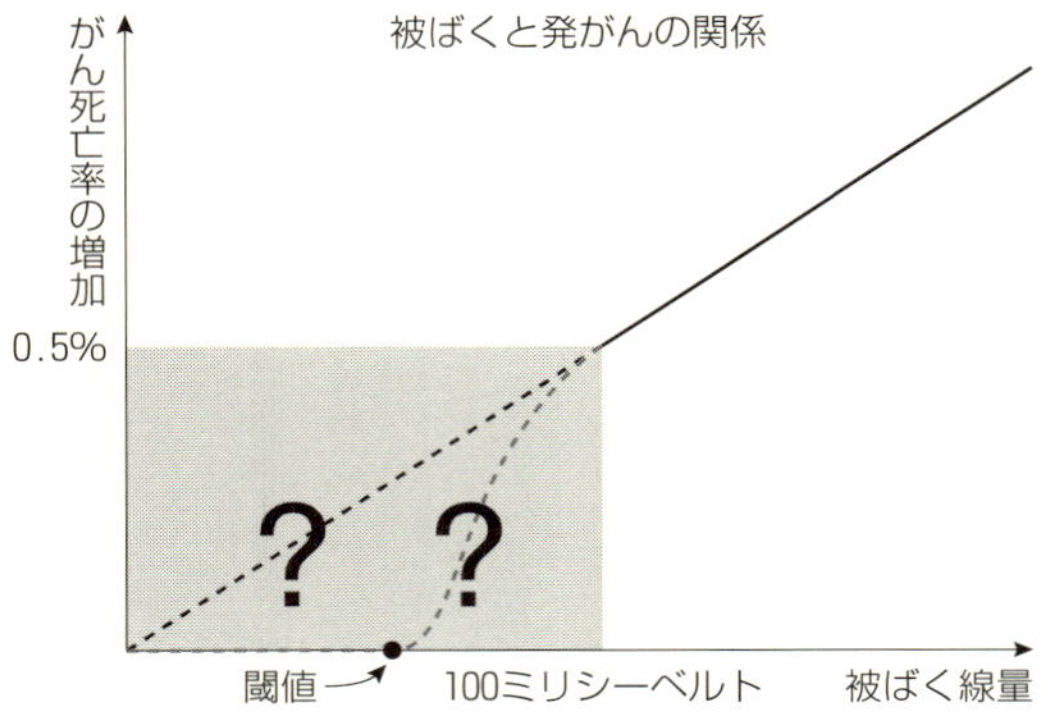

図７—２　被曝線量と発がんの増加

出典：中川恵一『放射線医が語る 被ばくと発がんの真実』（ベスト新書，2012年）29頁より．

崎では、原爆の投下に居合わせて直接被爆した人々については、もちろん非常に多数が数ヵ月以内に死亡した。生き延びた人々に関しても、約二年後から白血病になる人が見え始め、一〇年ほど経ってから乳がん、胃がん、大腸がん、肺がんなどを発症する人が増えて行ったという。こうした人々が浴びた放射線の量が一〇〇ミリシーベルト以上だったというわけである。

そして、こうした直接の被爆者以外にも放射線を浴びた人々がいて、福島でどのような健康被害が生じるかを予想するには、これらの人々がたどった経過が参考になると中川は言う。これらの人々とは、原爆投下の翌日以降に広島や長崎に入った人々である。原爆投下時にはたまたま別の場所にいて、後から自宅に戻ろうとした人もいれば、知人や親戚の安否を気づかってやってきた人もいたであろう。これらの人々は、原爆投下後に残留した放射性物質が発する放射線を浴びることになった。こうした人々は「入市被爆者」と呼ばれる。原爆投下後二週間以内に広島と長崎に入った人たちが該当する。

さて、この「入市被爆者」の健康状態がその後どのようなものであったかが問題である。中川によれば、「非常に驚くべきことに、入市被爆者の平均寿命を調べると、日本の平均より長い[2]」という。

また「広島市の女性の平均寿命をみると、政令指定都市の中で最も長い」[3]とも言う。非常に意外な事実だと言えよう。中川によれば、この意外な実態の理由は、入市被爆者がその後充実した医療を受けることができたところにあるという。そしてそれを可能にしたのは「被爆者健康手帳（被爆手帳）」の交付であったという。被爆手帳は直接被爆した人だけに限らず、入市被爆者や被爆者の胎児を対象に交付され、これらの人々は無料で病院の医療を受けることができた。放射性物質の発する放射線を浴びても、「医療の力」で健康な状態を保つことは十分可能だと中川は言う[4]。

そして、広島と長崎の入市被爆者がこれほど長命を保つことができた理由としては、もう一つ、これらの人々が避難をせずに自分の土地にとどまったことがあると中川は強調する。放射線量が多少高いからといって、自分が暮らしてきた場所を離れ、避難場所で不自由な生活を送るよりも、慣れた土地での生活を続けるほうが、がんなどの病気にかかる可能性もずっと低くなると中川は断言する。これは福島にもそのまま当てはまることであり、福島の原発事故に関しても、放射線を警戒しすぎて無闇に避難しようとすることは逆効果だということになる[5]。

そしてチェルノブイリの原発事故においては、事故後これと逆の措置がとられてしまい、住民の健康被害がかえって拡大することになったと中川は指摘する。チェルノブイリ事故の影響が出たロシアやベラルーシでは、広島とは逆に住民の平均寿命が大きく下がった事実を中川は重視している。そしてそれは、過剰な避難が実施されたため、慣れない生活からくる精神的ストレスが大きすぎたことが原因だという。中川はチェルノブイリで生じた健康被害についても詳しく述べているので、その内容を瞥見しておくことにしよう。

中川の主張の根拠は、ロシア政府が二〇一一年に公表した政府報告書『チェルノブイリ事故二五年　ロシアにおける影響と後遺症の克服についての総括および展望一九八六〜二〇一一』の内容である。中川が引用している箇所を、ここでも見ておくことにしよう。

チェルノブイリ原発事故が及ぼした社会的、経済的、精神的な影響を何倍も大きくさせてしまったのは、〝汚染区域〟を必要以上に厳格に規定した法律によるところが大きい(6)。

精神的ストレス、慣れ親しんだ生活様式の破壊、経済活動の制限といった事故に伴う副次的な影響のほうが、放射線被ばくより遥かに大きな損害をもたらしたことが明らかになった(7)。

そして意外で驚くべきことであるが、中川によれば「チェルノブイリの住民に確認されている健康被害は、小児の甲状腺がんだけ(8)」であるという。チェルノブイリの原発事故ではもちろん、爆発した原子炉から大量の放射性物質が空気中に飛び散った。それを含み込んだ雨が牧草地に降り注ぎ、その草を食べた牛の乳に放射性物質が非常に高い濃度で濃縮された。この牛乳を乳幼児が摂取したため、チェルノブイリでは小児の甲状腺がんが増えてしまったという。特に強い放射線を発する放射性ヨウ素が小児の甲状腺に集まったことによる（甲状腺はヨウ素を必要とする器官であり、放射性をもっているか否かに関係なくヨウ素を強力に吸収する）。小児が甲状腺に浴びた放射線量は一万ミリシーベルトを超えていたという。成長するために細胞が活発に分裂する乳幼児は、先にも触れたように、二本対のＤＮＡが一本に分かれる機会が大人に比べて格段に多い。一本で不安定になったＤＮＡが、強い放射線によって切断されてしまったのである。

このように小児に甲状腺がんが増えた原因としては、当時のソ連政府が事故を隠蔽しようとする姿勢をもっていたため、事故後しばらくの間食品の流通を規制せず、放射性を帯びた食品の摂取を避けるための措置をとらなかったことがあるという。

これに対して福島では、事故後、牛乳も含めた食品に関して規制措置が直ちにとられたため、チェルノブイリで見られたような事態が生じることはないと中川は言う。福島では食品の放射性が厳しくチェックされ、かなり低い規制値が設定されているという。そして実際、福島の一〇〇名以上の子どもたちを対象として甲状腺の被曝量が測定されたが、最大でも三五ミリシーベルトだったという。問題の放射性ヨウ素は、発せられる放射線の量は多いが、半減期は八日程度と短い。福島では初動の段階から厳しい規制が行われ、放射性ヨウ素の影響が心配される時期を問題なくやり過ごすことができたため、甲状腺がんが増えることはありえないと中川は言う。

放射性ヨウ素からくる放射線が無くなった後には、セシウム等が発する放射線の影響が懸念されるが、中川は「〔チェルノブイリで〕セシウムによる発がんは、二五年経過した現在まで確認されていません(9)」と断言している。同様に今後の福島でも、原発から飛び出た放射性物質の影響でがんが増えることはないということになる。初期の段階に考えられる懸念は避けられ、今後も心配ないというのであるから、中川の主張はわれわれを大いに安心させるものである。中川によれば、福島の原発事故を原因とする健康被害の問題について、今後の見通しは非常に明るいということになる。中川の主張は、福島の原発事故を非常に軽微に思わせるものである。

後に見ることになるように、私は中川の主張をすべて受け容れるものではないが、専門知に基づくものとして傾聴するべき点は多々あるように思っている。放射線は発がんの原因の一つにすぎないのであり、ほかの原因に並置されて勘案されるべきであろう。放射線ばかりを気にして、ほかの発がん原因を増やすようなことがあってはならないというのは、中川の言う通りであると思われる。

また、「浴びた放射線が一〇〇ミリシーベルトに達すると、がんになる人が二〇〇人に一人増える」という数値情報は、はじめて聞く人には意外な印象を与えると思われる。「そんなに少ないのか」、「何だ、その程度のものなのか」と思う人も多いはずである。放射線によってがんになる人がいることは確かであるが、割合にすればかなり少ないということになる。確率的に考える限り、放射線によってがんになることを過剰に心配することは、不合理なことだと言わねばならない。

また今日、がん治療で放射線照射がよく行われているが、この場合に当てられる放射線の量は、合計で五〇―六〇グレイに達する。これはシーベルトで表すと、五万―六万ミリシーベルトになる。基準値の何と五万―六万倍の量である。放射線科の医師は日ごろからこうした大量の放射線を扱い、自らも仕事で被曝する機会が多い。その目から見れば、福島の事故に関して見られる放射線量は微々たるものに見えるであろう。中川の主張はこのように多くの「コアな専門知」や「論議的専門知」に基づいており、多いに参考にされるべきものにほかならない。

さて、これらのことを考慮に入れた上で、われわれは中川のこのような楽観論を受け容れることができるのか、次に検討しなければならない。というのは、放射線に関する「コアな専門家」の中に、中川とほとんど正反対の見方を示す人たちもいるからである。先取りして言うことにすれば、中川の主張をすべて受け容れることは到底できない。それは「内部被曝」の問題について考えるとき明らかになる。

第二節　内部被曝の問題

今日よく知られているように、「内部被曝」とは、体内に取り込まれた放射性物質が内部から人体に放射線を浴びせる現象のことである。セシウム等の物質が食物や水と一緒に摂取されて消化管から吸収されると、体内の細胞中にまで行きわたり、細胞核内のＤＮＡに至近距離から放射線を浴びせることになる。また空気中の放射性物質も、吸気とともに肺を通って体内に取り込まれれば、同様の過程をたどることになる。身体の内部から放射線照射を受けるというのは、感覚的には非常に恐ろしいことに感じられる。

中川は、内部被曝に関しても大変に楽観的な見方をとっている。外部被曝も内部被曝も人体に与える影響は変わらないと中川は言う。だが、これに関する中川の解説は簡便にすぎ、論旨もかなり分かりにくいもので、説得力を欠いているという印象を受ける。[10] また中川は、放射性物質が体内に取り込まれても、時間が経つにつれて代謝や排泄によって外に出てゆくから心配ないとも述べている。セシウムは二—三ヵ月で半分が排泄されるという。

だが、三〇年を半減期とするセシウムが、数ヵ月もの期間にわたって、身体の内部から放射線を浴びせ続けることに不安がないと本当に言えるのか、疑問を感じるのが普通であろう。そして、まさにこの問題をめぐって科学者の見解が大きく分かれている。

次に、やはり放射線に関する「コアな専門家」である児玉龍彦の主張を参照してみよう。勤務先も偶然、中川と同じ東京大学である（先端科学技術研究センター教授）。「私は国に満身の怒りを表明します。国会は一体何をやっているのですか」と叫んだ様子はテレビでも流された。中川とはまったく逆に、福島の状況に対して非常に大きな不安を表明したことで知られている。

児玉が解説しているところによれば、チェルノブイリの事故後、近辺の住民に膀胱がんが六五パーセントも増加したことを日本人研究者（福島昭治博士）が明らかにしているという。[11] また同博士は、チェルノブイリ周辺の住民に、膀胱の独特の病変を発症するケースが多いことを発見し、それを「チェルノブイリ膀胱炎」と名づけたという。[12] 前立腺肥大の手術を行うと、その際に膀胱の一部を同時に切除することになるが、その組織の病理検査を何年にもわたって続けた結果、この病態が発見されたとのことである。発見された地域が膀胱がんの増えた地域と重なっているため、一種の「前がん状態」であると考えられるという。

児玉によれば、そもそも低線量の内部被曝がどのような影響をもたらすかは、簡単に調べがつくようなものではなく、福島博士が行ったような地道な調査を長期間にわたって続けることが必要になるという。チェルノブイリ事故の影響で小児に甲状腺がんが増えたという事実も、実は事故後二〇年経ってようやく確かめられたことだという。[13] セシウムのような物質に由来する低線量の内部被曝がどのような健康被害をもたらすか、しかもそれが長期間にわたった場合にどのような影響が生じるかについては、むしろこれから研究が積み重ねられなければならないと児玉は言う[14]。こうした事柄は、簡単に科学的な判断が下されるようなものではないことが分かる。福島の住民についても、膀胱がん等の病気が増えないかどうかは、まだまだ何年もかけて調査しないと分からないであろう。

また内部被曝については、さらに別の医師が非常に大きな懸念を示しているので、ここでその内容を見ることにしたい。広島で長年医師をしてきた肥田舜太郎は、原爆投下後六〇年以上にわたって、六〇〇〇人以上の被爆者を診た経験をもつ。中川や小佐古、児玉らとは別のタイプの「コアな専門家」だと見られてよい人である。肥田は被曝がもたらした悲惨な病態について様々に述べており、われわれの不安を大きくふくらませる。肥田が述べている様々な事柄のうち、重要と思われるものをいくつか見ることにしたい。

低線量の内部被曝がもたらす恐ろしい現象として、肥田は「ペトカウ効果」と呼ばれるものを挙げている[15]。カナダの科学者ペトカウが一九七二年に発見したもので、高線量の放射線よりも低線量の放射線のほうが生物の細胞膜をよく破壊する事実を指している。放射線によって生物の細胞膜がどのように破壊されるかを研究していたペトカウは、X線を毎分二六〇ミリシーベルト、合計三五シーベルト浴びせることによって細胞膜がようやく壊れることを確かめてあった。ところがペトカウは、あるときまったく偶然に、一二分かけて七ミリシーベルトの放射線を当てるだけで細胞膜が壊れることを発見した。

これは放射線に関する定説をくつがえす重大な発見であると同時に、われわれの背筋を寒くするものである。放射線に関しては、一度に大量に浴びるほうが、DNAが切断される量も大きく、健康被害も大きいというのが定説である。同じ量の放射線を浴びるとしても、少量ずつ小分けに浴びるほうが、DNAが修復する可能性が高く、身体が受ける影響ははるかに小さいと考えられている。ところが細胞膜に関しては、低線量を照射するほうがダメージが大きいことが明らかになったわけである。低線量の内部被曝はまさにこの状態を生み出すものにほかならない。

「ペトカウ効果」の学説が正しいとすれば、低線量の内部被曝は背筋が凍りつくほど恐ろしいものである。そしてこれは、まさに福島の住民に関して心配されることにほかならない。

「ペトカウ効果」は、低線量の放射線が活性酸素（フリーラジカル）を体内に発生させることによって生じるものだという。それはがんだけではなく、動脈硬化、白内障、認知症、肝臓や腎臓の障害、炎症、免疫反応の障害、老化、慢性関節炎、多発性関節障害、肺疾患、喘息といった、実に多様な病気を引き起こす原因になるという。(16) 低線量の内部被曝は、まさに万病の元と言ってもよいもので、避けるほうがよいことは当然である。

「ペトカウ効果」は、一般によく知られているものではなく、科学者の間でどの程度認められているのか、素人には分からない。だが科学者によってはこれほど有害な働きを認めているという事実だけでも、われわれの不安を大きくする。また、放射線被曝によって生じる病気ががん以外にもありえるという点も、われわれに問題を再考するように迫るものである。中川は「発がん以外の健康被害はないといえます。つまり一般市民にとって、被ばくの問題は、がんの問題なのです(17)」と言って、問題をはじめからがんに限定しているが、この見解をわれわれは疑わなければならない。

放射線被曝によって生じたと考えられる病気として肥田が挙げているものを、もう一つ見ておきたい。それは肥田が「原爆ぶらぶら病」と呼んでいるものである。(18)「入市被爆者」の多くが、しばらくしてから強烈な倦怠感をおぼえるようになり、立っていることすらできなくなったことを指す病名である。肥田の解説によれば、この病気は、細胞内のミトコンドリアに放射線がダメージを与えることが原因として考えられるという。ミトコンドリアは、細胞の活動に必要なエネルギーを生み出し、それによって筋肉を支える働きをしている。そのため、それがダメージを被ると筋肉が疲労してしまって、強いだるさを感じるようになると考えられる。

「原爆ぶらぶら病」の患者は、肥田が診察している間も、普通に椅子に腰かけていることすらできず、途中で床に横たわってしまうという。これほど強いだるさを感じる重篤な病気であるにもかかわらず、診断がつかず、病名もなかったため、患者が病気のつらさを誰にも理解してもらえなかったことは容易に想像できる。周囲の人からは怠け者としてしか見られず、精神的に非常につらい思いをしてきたという。また、定職について仕事を続けることも難しかったことは言うまでもない。大変な悲劇にほかならない。

先に見たように中川は、広島の入市被爆者の平均寿命が全国平均よりも長いことを強調し、低線量の被曝をしても、その後に手厚い医療を受ければ普通の生活を送れるかのように述べていた。だが、これは大きな誤解を与えるもので、現実はそれとまったく違っていたことをわれわれは知らなければならない。次に引用する肥田の言葉は、そのまま中川に対する反論になりえるものである。

たとえば「父親を探しに街へ入った」とか「四日後に妹や弟の様子を見に行った」などといった、後から街へ入った……人に、今の医学では診断できない不思議な病気が起こって、多くの人がたいへん苦しみました。〔改行〕長期的な影響も心配されます。今もそうですが、五〇年、六〇年たってから、ガンや白血病など悪性の病気で被ばく者がどんどん死んでいます。つまり、被ばくをした人が六〇年以上生きのびているといっても、その間も健康で過ごせたわけではなく、頻繁に入退院を繰り返しながら生活してきたのです(19)。

福島でまき散らされた放射性物質の量は、広島原爆の数十倍―百数十倍と見られている。広島の入市被爆者に見られたのと同様の問題が福島でも生じないか、危惧されるのは当然のことである。福島第一原発の周辺の住民に大きな健康被害が生じることはかなり懸念される。食品の規制が厳しく行われているという点は、広島の場合と大きく異なるが、完全な規制など現実には不可能であろうから、不安はとても拭えるものではない。少なくとも、福島の今後に何の不安もないという中川の主張を受け容れることはとてもできない。

ヨナスの警告が当てはまる事象に、またしても行き当っていることが気づかれないだろうか。楽観論と悲観論の両方がある場合、われわれが賭けなければならないのは悲観論のほうである。

福島で健康被害が生じるのか、生じるとすればどのようなもので、どの程度のものなのか、といった問題について、われわれの考えをまとめてみたい。中川が論じているところから考えて、小児の甲状腺がんの増加は避けられたと思われる。実際、福島県立医科大学の調査グループが一八歳以下の福島県民の甲状腺を検査しており、その結果「事故による被爆と甲状腺がんの関係は見いだせなかった」という見解に至っている(20)。だがその一方で、セシウムによる長期の低線量被曝については、今後様々な影響が見出されてゆくことが予想される。見られてきたように、膀胱がんや白血病が増加すること、また全身に強烈なだるさを感じる人も増えることが懸念される。「原爆ぶらぶら病」の場合と同様に、異常な倦怠感を誰にも理解してもらえないという悲劇が繰り返されてしまう恐れがある。さらに、「ペトカウ効果」からくる様々な症状に悩む人が増えることも予想されるが、これに関しては、原因が原発事故なのかどうか分からないケースが多くなると思われる。

どれほどの数の人が発症するかは、病気や症状によって異なると思われる。児玉によれば、チェルノブイリでは、膀胱がんを発症した人が一〇万人中二六・二人（一九八六年）から四三・三人（二〇〇一年）に増加したという(21)。福島でも、今後発見される膀胱がんのうち一〇〇―二〇〇件ほどは、事故がなければ発症しなくてすんだケースだと考えられよう。また「チェルノブイリ膀胱炎」と同様の病気を発症する人は、膀胱がんになる人よりもさらに多くなると思われる。最も懸念されるのは、子どもの白血病が増えることである。肥田の指摘によれば、九州電力玄海原発のある佐賀県玄海町では、子どもの白血病の発症率が全国平均に比べて十倍以上も高いという（政府の資料で明らかになっているという）(22)。こうした事実は、われわれの不安を非常に大きくする。先にも触れたように、福島では子どもが一年に二〇ミリシーベルト被曝することが認められてしまった。白血病に苦しむ子どもが今後増えてゆくと思うと、大変つらい気持ちになる。よいほうに予想がはずれてくれることを祈りたい。

さて、われわれにとって非常に不思議なのは、原発事故を原因とする健康被害の問題をめぐって、「コアな専門家」の見解がこうも異なることである。どうしてこれほど意見が分かれるのか、一度よく検討してみることがぜひとも必要である。幸い手がかりはあるので、次にこの問題について考えてみることにしたい。この場合にも手がかりになるのは、「関連事象に関する知識」である。

第三節　つくられた放射線安全論

ここまで見られたところでは、低線量の内部被曝によって膀胱がんが増えるか否かをめぐって、専門家たちの見解が大きく分かれていた。中川が「チェルノブイリでは増えていない」と断定しているのに対して、児玉は「チェルノブイリで膀胱がんが増えた」と言っている。どうしてこのように見解が分かれるのか、検討しなければならない。

児玉の主張のことは中川もすでに知っていたようで、それを次のように批判している。

しばしばチェルノブイリの健康被害をめぐり、尿から放射線物質が検出されたことから、膀胱がんが増加した、などという主張もありますが、科学的に信頼できる学説ではありません。[23]

では、信頼できる学説はどこから得られるのであろうか。中川の答えは「原子放射線の影響に関する国連科学委員会（UNSCEAR）、国際原子力機関（IAEA）、国際放射線防護委員会（ICRP）といった信頼できる国際的組織の報告[24]」というものである。児玉の主張も中川のそれも「論議的専門知」に基づくものであるが、中川はこうした専門知も出所が信頼できるところでなければ受け容れることはできないと言っているわけである。中川の主張が、二〇一一年にロシア政府によって公表された政府報告書に依拠していることはすでに述べたが、この報告書もこれらの国際的組織の報告に基づくものである。国際的に承認されている機関や組織の報告に従おうとすることは健全な姿勢を感じさせるものであり、それゆえわれわれも中川の主張に説得されそうになるであろう。

だが、これで単純に話がすむわけではない。話がすまないからこそ、これまで見られてきたような意見の相違も生じるわけである。公認の国際的組織が言うことであれば、そのまま受け容れることができるかといえば、そうは言えない。国際的組織の報告についても、それが真実を伝えているかどうかを検討する必要がある。

この問題については、宗教学者の島薗進が詳しく論じている。島薗の探究や主張は、「関連事象に関する知識」に基づくもののまさに典型である。島薗によれば、チェルノブイリに関する公式の報告書の内容は、ある意図によってあらかじめ方向づけられた疑いが強く、その内容を信じることは到底できないという。

島薗によれば、チェルノブイリに関する公式の報告書の背景にはアメリカの意向があって、放射線に起因する健康被害を小さく見せようとする意図が働いた疑いが強いという。言うまでもなくアメリカは、世界で唯一、戦争で原子爆弾を使用した国であり、核エネルギーの危険を少ないものとして示したい立場にある。ロシア政府の発表した報告書がアメリカの意向に基づいて書かれたというのは、話が飛躍しているように見えるが、島薗はその経緯を詳しく辿っている。島薗の話をそのまま再現しようとすると紙幅をとりすぎるので、要点だけを次に追うことにしたい。

話は広島・長崎への原爆投下にまで遡る。原爆投下後アメリカは「原爆傷害調査委員会（ＡＢＣＣ）」を組織し、原爆がもたらした被害の調査を実施した。だが、事情を知る人によれば、この調査はその手順に関してかなり疑問を感じさせるものであったという。最も大きな問題として、かなりの被爆者が調査から外されたことが挙げられるという[25]。そもそも、あれほど規模の大きい出来事に関して、余すところなく調査を行おうとしても無理があるのは当然である。あらかじめ何らかの方向性が与えられたり、範囲が限定されたりしたとしても、何ら不思議ではないであろう。軍事上の事情が絡むとなれば、なおさらである。ましてアメリカは原爆を投下した側であり、アメリカが自分に都合のよいように被害を小さく見せようとしたとしても、ある意味では当然だったと言えよう。なお「一〇〇ミリシーベルトの放射線を浴びるとがんの発生が〇・五パーセント増える」という定説も、このときのアメリカの調査によって得られたものである。アメリカの調査結果に依拠する中川の主張と、広島で実地に患者を診てきた肥田医師の主張があれほど異なっているのも、こうした事情によると考えられる。

さて、チェルノブイリ原発事故に関する調査も、このABCCの伝統を引き継ぐ人たちによって行われたと島薗は言う。一九八九年、当時のソ連政府の依頼を受けてIAEAが組織した「国際チェルノブイリ・プロジェクト」は、ABCCの調査姿勢を引き継いでいたという[26]。この組織の委員長は意外なことに日本人で、重松逸造という人物であった。世界で唯一の被爆国である日本の科学者が、原爆を投下した側であるアメリカの姿勢を引き継ぐというのは、意外に思えることであろう。だが、アメリカによって作成されたとはいえ、自国で起こった出来事に関する調査結果に基づこうとするのは自然なことであるし、戦後アメリカと日本が強固な同盟関係を結び、緊密な影響関係をもったことを考えれば、アメリカの調査路線を日本が引き継いだとしても特に不思議ではないであろう。世界で唯一原爆を使用した経験をもち、原発を推進・拡大する方針をもつアメリカと同じ立場、同じ目線に立って、チェルノブイリ事故に関する調査も行われたのである。

この「チェルノブイリ・プロジェクト」は、「汚染に伴う健康影響は認められない」という、にわかには信じがたい調査結果を発表し、実情を体験的に知っている人々から多くの批判を受けたという[27]。また二〇〇五年には「チェルノブイリ・フォーラム」という別の調査チーム（ただし、主導したのはやはりIAEA）が「放射線被曝にともなう死者の数は、将来ガンで亡くなる人も含めて四〇〇〇人である」という調査結果を発表し、地元の学者から多くの抗議を受けたという。(28)どちらも事故の影響や被害をあまりにも小さく見ようとするものであったことは言うまでもない。広島の場合と同様に、チェルノブイリの事故に関しても、公的な組織による調査の結果は、現場の状況を実地に体験してきた人々の感じ方から大きく乖離していることが分かる。

島薗によれば、今日福島をめぐる議論においても一方で力説されている「放射線安全論・楽観論」は、以上のように、広島・長崎に関する調査をきっかけにして「つくられた」ものにほかならない。そしてそれは、チェルノブイリの調査にも適用されて権威を高め、今日にまで引き継がれている。こうした事柄に関して知られることは、まさに「関連事象に関する知識」にほかならない。これは、今日の科学技術について考察しようとする場合に欠かすことのできない知識である。軍事的な事情が関わってくる場合にはなおさらである。核エネルギーに関わることがテーマとなる場合には、推定や調査結果には必ず何らかの目的や期待が絡んでいると見なければならない。科学者が自信をもって見解を披瀝する場合でも、われわれはそれをそのまま信じることはできない。

島薗が辿っているところによれば、「放射線安全論・楽観論」は中川に引き継がれているだけではない。チェルノブイリの調査で重松に協力した長瀧重信は今日、政府サイドの組織である「原子力災害専門家グループ」の一員であり、福島に関して楽観的な見方を発信する一人になっている。(29)また同様に同グループの一員となっている山下俊一は、長瀧の弟子に当たる人物であり、原子力規制委員会委員長も務めている。(30)このように、楽観論者が原発を監視する立場にもついているわけである。こうして「放射線安全論・楽観論」は、日本の政府の中にまで浸透しており、今後政府が判断や決定を下す際に大きな影響を与えてゆくと考えられる。私としてはこのことに大きな危惧を感じている。

科学に関する専門的な知識を欠くわれわれは、自らの判断材料をもたないため、福島の今後に関して積極的に予想を立てることはできないが、「関連事象に関する知識」に基づく限り、少なくとも「安全論・楽観論」に与することができないことは明らかである。福島の住民にどのような健康被害が生じるか、それはどの程度のものかといった問題に関して、明るい予想を立てることはとてもできない。

福島における健康被害の問題に関して、われわれがとらなければならない方針は、楽観的な予想を捨て、重篤な事態が生じることに備えて準備すること以外にない。様々な病気や症状に苦しむ人たちが増えることのほうを想定して、それに対して何ができるかを全力で考えなければならない。

原発に関してわれわれが腑分けした問題の中で、④はまだ検討されずに残っている。この問題に関しては、別の視点から考えたほうが有効であると思われるため、次章で検討することにしたい。ここで予告すれば、この別の視点とは「技術デザイン」と呼ばれるものである。

注

(1) 中川恵一『放射線医が語る　被ばくと発がんの真実』(ベスト新書、二〇一二年)。
(2) 同右、八四頁。
(3) 同右。
(4) 同右、八六頁。
(5) 同右、一〇九頁以下。
(6) 同右、一〇八頁。
(7) 同右、一〇八—九頁。
(8) 同右、九八頁。
(9) 同右、一〇三頁。
(10) 同右、四九頁以下。

(11) 児玉龍彦『内部被曝の真実』（幻冬舎新書、二〇一一年）、五六頁以下。
(12) 同右、九三頁以下。
(13) 同右、六八頁。
(14) 同右。
(15) 肥田舜太郎『内部被曝』（扶桑社新書、二〇一二年）、第三章。
(16) 同右、六七頁。
(17) 中川、前掲書、二八頁。
(18) 肥田、前掲書、第五章。
(19) 同右、一七頁。
(20) 二〇一六年九月一〇日付の朝日新聞の記事による。
(21) 児玉、前掲書、九三頁。
(22) 肥田、前掲書、二一頁。
(23) 中川、前掲書、九三頁。
(24) 同右、九三頁以下。
(25) 島薗進『つくられた放射線「安全」論――科学が道を踏みはずすとき――』（河出書房新社、二〇一三年）、九四―五頁。
(26) 同右、八三頁以下。
(27) 同右、八五頁。
(28) 同右。
(29) 同右、九〇―一頁。
(30) 二〇一六年、熊本地震の発生時に、川内原発（鹿児島県）をめぐる懸念に関して、山下は非常に楽観的な発言をしている。地震の影響で、再稼働して間もない川内原発でも危険が生じるのではないかという声が上がったのに対して、山下は記者会見で「地震の影響は及ばない」、「川内原発の操業は停止しない」と明言している。

第八章　「技術デザイン」の変更

原発に関してわれわれが腑分けした最後の問題④（一五一頁）について検討しなければならない。それは「原発を廃止した場合に電力は足りるのか」という問題である。

今日のように大量の電力が必要となっている時代にあって、原発なしで十分な電力が賄えるのか、別の方式の発電で代替できるのかという問題は、言うまでもなく非常に重大な問題である。原発の存続を主張する論者は、原発がなければ現在必要となっている大量の電力が得られないことを強調する。現代社会が大量の電力を必要とするということは、原発を続ける理由としては最も大きいものである。

検討しなければならないのは、主として、原発以外の発電法で電力が賄えるのか否かという問題である。なお原発を廃止して、不足する電力を火力発電で補うという道は、はじめから放棄されねばならない。というのは、火力発電は大量の熱とCO_2を排出するため、その規模を今よりもさらに拡大することは、地球の温暖化を加速させることになるからである。地球の温暖化の原因をいま以上に増やすような方法は、はじめから考慮の外に置かれなければならない。そう考えると、検討されなければならないのは、太陽光、風力、小水力等から得られる「再生可能エネルギー」（「自然エネルギー」と呼ばれることもある）による発電方式が有効か否かということである。

結論を先に示すほうが、以下の話は見やすくなると思われる。私としては、いずれ原発を廃止して、他の発電法で必要な電力を賄うことは可能だと考えている。そのための具体的な方策としては、主として次のようなことを考えている。

㋐太陽光、風力、小水力、地熱、バイオマス、波力等から得られる「再生可能エネルギー」（以下「再エネ」と略記する）による発電を発達させる。再エネ発電に関して特に重要なのは、多様な方式を同時並行で実施し、なおかつ規模を大きく拡張することである。このように実施するとき、再エネ発電は、非常に大きな効果をもつことができる。

㋑常時一定量以上の電力を起こすというこれまでのやり方を排し、そのつど必要となるだけ発電するような仕組みをつくる。そうすることで発電量はずっと少なくてすむ。こうしたことは情報通信技術（ＩＴ技術）を駆使することによって可能になることが分かっており、すでに一部着手されている。こうした機構は今日「スマートグリッド」という言葉で呼ばれる。

㋒科学技術を利用するときの考え方・やり方を根本的に異なるものに変えることで、原発廃止に向かう道を進むことができる。局所で大量発電して遠くにまで送電するという単純な考え方・やり方を改め、再エネ発電を多くの場所で分散して行う態勢を、長い時間をかけて構築する道をとらなければならない。このことは、ある科学哲学者が「技術デザイン」の変更と呼んでいることに当てはまる。

次に、右の各事項の内容を具体的に説明することを試みよう。

第一節　再生可能エネルギー発電の拡大・発展

（1）再エネ発電の可能性

まず㋐について述べることにしたい。

太陽光、風力、小水力、地熱、バイオマス、波力等を活用する再エネ発電は、燃料を必要とせず、CO_2も廃棄物も出さない点でクリーンなものであり、原子力エネルギーの対局に位置するものである。だが再エネ発電に期待しようという意見は、言うまでもなく、すぐさま多くの批判を呼ぶ。誰にもすぐに思い浮かぶことであろうが、再エネ発電には、発電量が非常に少ない上に、天候などの自然条件に大きく左右されるため、不安定すぎるというデメリットがある。また、設備のための初期投資が高額すぎるという批判もある。

だが私としては、こうした問題は克服可能だと考えている。再エネ発電によって得られる電力は量が小さい上に安定しないという不安は、発電装置を単体ごとに考えることから生じるものである。この問題は、規模を大幅に拡大し、また多くの方式の再エネ発電を同時並行で実施することによって、かなりの程度まで解消されうる(1)。再エネ発電は、たしかに単体ごとの発電量が非常に少ないが、規模を拡大すれば得られる電力量は大きくなる。また自然条件に左右されてしまうという問題には、複数の方式を同時並行して行うという方法で対処することができる。この方法を実施すれば、相互に不足を補い合うことによって、発電の安定度が増してゆくからである。太陽光発電は夜間には働かないが、真夏の日中のピーク時には非常に有効である。また、たしかに雨の日や曇りの日には太陽光から得られる電力は少ないが、そうした日でも風が強いことはあろうし、雨が降れば川の水量が増えて、小水力発電によって得られる電力は増えるであろう。また太陽光発電が広範囲で行われれば、ある地方では天気が悪くて電力が得られなくても、別の快晴の地方では太陽光から十分な電力が得られることもありえよう。このように再エネ発電は、異なる様々な方式を同時並行で行い、規模を拡大することによって安定度を増してゆくのである。また、初期投資にコストがかかることも確かであるが、普及が進むにつれて、当然のことながら価格は大きく下がって行く。これらのことは、すでに諸外国で確かめられていることである。再エネが基礎的電源（ベースロード電源）として非常に有効であることは、すでに外国で実証されているのである。

このように、規模を拡大すればするほどよいことが多い方法を、諸外国にならって推進してゆかない手はないと思われる。福島第一原発事故のために大手電力会社が譲歩せざるをえなかった結果だと思われるが、日本でもついに二〇一二年七月から「再生可能エネルギー電力の固定価格買取制度（ＦＩＴ）」が施行された。これは、再エネ発電によって得られた電力を、変動しない価格で電力会社が買い取ることを義務づける制度である。再エネによる発電を優遇して発達させることを意図するものである。この制度はドイツで大きな成果を挙げた実績があり、再エネ普及を望む多くの識者が日本への導入を望んできた。日本でも同様の効果を発揮し、再エネの成長を促すことが期待される。

考えてみれば、発電事業は誰もが関わってゆくことのできる事業であり、この点でも再エネ発電は大きな長所を発揮するものにほかならない。というのは、現在誰でも自宅の屋根にソーラーパネルを設置することによって、自ら発電事業を行うことができるからである。また今日、一般の人家の敷地に設置できるタイプの風車も開発されている。ソーラーパネルを置くか、磁界の中でコイルを回しさえすれば、電気を生産することは誰にでもできる。再エネ発電は、わずかながらとはいえ個々人が脱原発に貢献する道を拓くものにほかならないのである。

もっとも再エネ発電には、やはり困難な点やマイナス面もあることがしばしば指摘される。次にこの点について見てゆくことにしたい。

（2）再エネ発電に伴う問題と対策

右では、規模と方式の多様性を拡大することによって、再エネ発電のもつ欠点が克服されうることを述べた。だが、このことは口で言うほど簡単なことではなく、非常に長い時間が必要となる。上で見たようなメリットが得られるようになるには、再エネ発電の規模が現在の数十倍―百倍以上にまで大きくならなければならない。あらゆる建物の屋根という屋根にソーラーパネルが置かれ、風車が遠目ながら至る場所で見かけられるような風景が出現しなければならない。こうしたことが実現するには、かなり長い時間がかかる。再エネ発電を基幹電源として育ててゆく事業は、かなり気長に続けてゆかなければならないものである。

またこのことにとどまらず、再エネについては今日、建設された設備等が地域住民にとって弊害となることがしばしば指摘されている。特に風力発電用の風車についてこのような指摘が多いので、ここで風車の問題について見ることにしたい。風車を山中などに建てるために森林が伐採され、自然が大きく破壊されるという問題、巨大風車によって景観が悪くなるという問題、騒音や低周波（人の聴覚ではとらえられない音）を発して近隣住民の健康を害するという問題、鳥が風車にぶつかって落命する「バード・ストライク」という問題が主として挙げられるものである(2)。

なかなか問題が多いように見えるであろう。だが結論を先に言うことにすれば、これらは原発の問題に比べればはるかに軽微なものであるし、また対処可能なものだと思われる。こうした問題についても今日研究が進んでおり、とるべき対策はすでにはっきりしていると言える。ここでは二つのことを述べようと思う。

第一は、人家から十分遠く離れた場所に風車を建てることが対策になるということである。そうした場所を探し出すことは、さして難しいとは思われない。また、風車は陸地にしか設置できないものではなく、海洋上に据えることも十分可能である。デンマーク等と違って、日本の周囲は浅瀬が少ないため、海底に台座を据え付けられる場所は少ないかもしれない。だが今日、浮体式の風車も開発が進んでおり、洋上の風力発電は今後大きく発達して行くことが期待できる。

洋上に風車を増やしてゆくことは、同時にバード・ストライク等の問題に対する対策にもなりえるであろう。陸上に比べて海洋上では、鳥が飛行する頻度や密度が小さくなるため、洋上の風車でバード・ストライクが生じる頻度は、陸上に比べて少なくなると考えられる。また同時に、鳥が安全にとまれる場所を併設するなどの工夫を重ねれば、バード・ストライクの問題に対処してゆくことはさらに可能になるであろう。また、そもそもバード・ストライクは風車だけの問題ではなく、高層ビルでも起こっていることである。風車に関してばかりバード・ストライクを問題視するのは、不自然なことであろう。

対策として第二に考えられることは、風車を建設するに当たって、地域住民・近隣住民に説明を尽くして、風車から電力が自分の家に届くことを理解してもらうこと、さらには地域住民が風力発電を担う主体にもなりえることを分かってもらうことである。もっと言えば、風力発電事業に出資してもらって、事業の主体となってもらうことができれば、最も理想的である。地域住民・近隣住民の理解が得られている場合には、騒音や低周波の問題が小さくなることが、研究者の調査によって明らかになっている(3)。

話を先取りして分かりにくいことを述べたが、私の個人的な体験にも基づきながら説明を試みたい。まず、暴論に見えかねないことを敢えて言うが、私としては正直なところ、風車に起因する騒音や低周波の問題は、実はさして大きな問題ではないと考えている。というのは今日、自動車や電車、飛行機等々、もっと大きな騒音の原因が、われわれの周囲に多数存在しているからである。私自身は風車の騒音を聞いたことがないため確言できないが、風車による騒音が自動車や電車、飛行機等による騒音よりも大きいとは想像しにくい気がしている。

また、景観の悪化を話題にするとき、風車ばかりを問題にするのはバランスを欠いている。景観の悪化を問題にしようと思えば、取りあげられなければならないのは、何といっても電柱と電線である。後ほどあらためて問題にするが、日本ではありとあらゆる道路に沿って電柱がどこまでも林立し、そのあいだに電線が架かって時に藪が絡まるのに似た姿をさらしている。このような醜悪な風景はほかの先進国ではまず見られないものである。これに比べれば、風車が見える景観のほうがはるかによい。そもそも風車は本当に景観を破壊していると言えるだろうか。仮に言えるとしても、風車の大きさや形状、デザインを改変するなどして、工夫をすることは十分可能であろう。やりようによっては、エレガントなものにすらなりえると思われる。

風車から来る騒音や低周波の問題に戻って、もう少し考えてみたい。今日、自動車に関してはなぜ騒音がさほど問題にならないのか、考えてみよう。今日ほとんどの人が自動車を利用するからであることは明らかだと思われる。自分もまた騒音の原因になることがあるという自覚があると、自分以外の人が同じ事情で騒音を出しても納得できて、苦情を言う気にならないのである。

このように、音がどのように聞こえるかは、受け手がその音にどのような意味づけを行っているかによって大きく異なる。そして、これと同様のことが風車の騒音の問題にも当てはまることは、研究者の周到な調査によっても明らかになっている(4)。風車が発電のために回っていることは誰もが知っているであろうが、自分には関係ないといった思いがあると、風車が出す音は騒音にしか聞こえないと思われる。だが逆に、風車で作られた電気によって自分たちの暮らしが成り立っているという気持ちがあったり、風車を受け容れることで間接的ながら脱原発に貢献しているという意識が働けば、風車の出す音は違って聞こえるに違いない。地域住民に耐えられないものではないのではないか。

こうした心理形成に大きく関わることだと思われるが、研究者が明らかにしているところによれば、風車が出す音に地域住民が不満を感じるか否かは、事業者が地元の信頼を得ることに成功するかどうかで、かなり決定されるという。より具体的には、事業者が住民に正しい仕方で接してきたか、また住民に対する説明や同意の取りつけが適切なものであったか、といったことが大きく影響するというのである。説明や交渉に長い時間をかけて納得してもらえた場合には、住民の不満は小さく、逆に、交渉以前に地権者の同意を得てしまうというような手口が用いられた場合には、住民の不満は大きくなるという(5)。

このことは、今後いかにして再エネを普及・拡大させていくかを考える上で重要なヒントを与えているように思われる。簡単に言えば、再エネ事業は地域密着的なものであることが成功の条件だということである。再エネ事業は、地域との連携を離れては成り立ちえない。逆に地域と強く結びついたとき、大きな成功をおさめる。さらに進んで、地域住民が事業を主導したり、事業者そのものになることができれば、再エネ運営の理想型となる。

再エネ発電に関して検討する中で、われわれの考えは、発電事業と地域との連携というテーマに至った。地域が主導して発電を行うようになるとき、電力事業は自ずと無数の地域で行われて、分散した形態のものとなる。このことについては本章第三節で論じることにしたい。

第二節　スマートグリッド

次に㋑について述べることにしたい。

二〇一六年四月、電力自由化が日本でもついに実現した。新しい電力小売業者と契約すると、これまでの古いメーターに替えて「スマートメーター」という計測機が取り付けられるようになった。これは、以前のように単に月ごとの電力使用量を調べるものではなく、三〇分ごとの電力使用量を計測し表示する機能をもつ。しかもこのメーターはデジタル通信機能を備えていて、三〇分ごとの電力使用量を、ネット回線を通じて需要者に通知することができる。こうして届けられる数値を点検して、需要者は一日の中でどの時間帯に最も電力を消費しているか、また、一年の内でどの季節に最も電力が必要となるか等を自ら知ることができる。こうしたシステムは、電力需要者が自律的に電力消費をコントロールすることを可能にし、節電行動を促すものである。

現代の文明社会はたしかに多くの電力を必要とするが、それに応じるために大量発電することしか考えないならば、短絡的にすぎると言わねばならない。必要なことは、同時に無駄な電力使用を減らすことである。需要者の節電行動が大きな効果を発揮することは、二〇一一年の夏に証明された。当時私も大衆の行動を見直さなければならないと思ったことを記憶している。福島第一原発の発電が完全にストップしても、真夏の電力ピーク時に東京で停電が起こることはなかった。大衆が事情を理解して小さな工夫を積み重ねることで、多くの電力を節約することは十分可能なのである。

今日大量の電力が必要になっていることを示すのによく持ちだされるのは、真夏のピーク時の話である。言うまでもなく、猛暑時に冷房が大量に使用されるために、一年のうちで最も電力が必要となる時間のことである。だが、このピークは年一回二〇時間程度のものであり、ピーク時に必要となる電力量を常時起こそうとするならば、愚かしいことだと言わざるをえない。ピーク時の使用電力を抑える方法を、同時に検討しなければならないはずである。またこのピーク問題に関しては、エアコンのメーカーも手をこまねいているわけではなく、省エネの技術を着実に進歩させており、新しいエアコンは古いものに比べて消費電力がずっと少なくなっている。新しいエアコンに買い替えることも、需要者がとれる重要な節電行動だと言えよう。

個人がとれる節電行動としては、さらに、照明を古いタイプの白熱電球や蛍光灯からＬＥＤに取り換えるといったことも挙げられよう。ＬＥＤはこれまでの照明器具より消費電力量がずっと少ない上に耐久性も高いからである。また電力のことからは話がそれるが、エアコンによる夏場の電力消費を抑えるためには、家の外壁をこれまでよりもずっと厚くし、窓（サッシ）を二重—三重にして断熱性や密閉性を高めるという対策が非常に効果的である。外気の熱が家の中にまで伝わらないようにするだけで、冷房の効率を大きく高めることができる。日本の気候では、冬の寒さよりも夏の暑さをしのぐことのほうが難しいため、日本の家屋は伝統的に風通しのよい構造のものが主流となってきた。だが、冷房がこれだけ普及している現代にあっては、このような伝統はもはや無用の遺物である。家屋内の空気を外気から遮断することは、冷房だけでなく暖房の効果も高めることにもなるから、家屋の断熱性や密閉性を高めれば、年間を通して快適な暮らしを維持することができる。ついでに言えば、こうした構造の家屋は防音効果も高いため、屋内を静かに保つのにも役立つ。いいことずくめである。[6]

「スマートメーター」の話に戻ろう。先述したように、スマートメーターを設置することによって、需要者が自分の電力使用の状況を把握し、自律的に節電行動をとることが可能になる。こうするだけでも、一〇—一五パーセントもの電力が節約されるという試算がある。こうした方式の電力管理のあり方は「ＨＥＭＳ（Home Energy Management System：ヘムス）」と呼ばれる。このシステムが発達して、将来的には、家電製品ごとに電力消費の状況が把握されて、こまめで繊細な節電が可能になることが期待されている。切り忘れたエアコンのスイッチを、スマートフォンを使って出先で切るといったことは、すでに行われ始めている。また家電メーカーによれば、真夏の電力需要がピークに近づいたときに、エアコンの設定温度が自動的に二℃ほど上がるような仕組みを開発することは、技術的に容易だとのことである。[7]これからは、このようにスマートメーターを中心とするＨＥＭＳの仕組みが発達することによって、需要と供給は巧みにバランスがとられるようになってゆこう。

こうした仕組みは、単に家庭においてだけでなく社会全体で実現するとき「スマートグリッド」と呼ばれる。「賢い送電の仕組み」のようなことを意味する言葉である。「スマートグリッド」の態勢が整うとき、社会全体に張りめぐらされた送電網の総体が、巧みに需給バランスをとりながら電力を送る機能を果たすことになる。「スマートグリッド」の機構が発達すれば、社会全体がその時々に必要とするだけの電力を供給するような態勢が整うわけである。先述したように、このことは、精巧な情報伝達技術（ＩＴ技術）が発達している場合に可能になる。ＩＴ技術を駆使して、そのつど必要とされる電力量を予測し、それを満たすだけの電力をほぼオートマティックに生産するような態勢が整えられねばならない。電力運営はこれから、このような繊細な手法に基づくものに変わってゆかなければならない。

大量の電力が必要になっている今日、十分な電力を賄うために原発は不可欠だという主張には、一見たしかに説得力がある。だがこうした主張は、同時に節電を追求しなければならないことを忘れている点で、単純にすぎると言わねばならない。原発をベースとするこれまでの発電の体制では、局所で大量発電して遠くにまで送電するという、非常に無骨なやり方がとられてきた。原発は一度稼働すると、その後同じ量の電力をつくり続けることしかできず、発電量を増やしたり減らしたりするという調整ができない。そのためこれまでは、真夏のピーク時を意識して、常時大量の電力を供給する以外の方法がとれなかった。夜間に電力が余ってしまうことが電力会社の悩みとなり、料金を安くして一般家庭に買ってもらおうと懸命な宣伝を行ってきたことは、よく知られているであろう。当然これだけでは夜間電力の消費は伸びないため、電力会社は、余った夜間電力を利用してポンプを動かし、水を高所に移動させるということも行ってきた。他日の昼間にこの水を落として水力発電を行い、日中の電力を補うための手段である（この方式の発電を「揚水発電」という）。このように原発は、必要のない電力を過剰に生み出す上に、関連する設備も増えて大がかりになるという点で、無駄が多かった。

これからはこうした無駄を避ける道がとられなければならない。「スマートグリッド」の態勢を確立して、必要とされる量だけ電力を供給する仕組みが整えば、原発に対する依存度は次第に減少してゆき、原発の廃止に近づくことができるはずである。

第三節　「技術デザイン」の変更

最後に論点㋒の具体的内容を述べることにしたい。見られてきたように、原発を徐々に減らして、いずれ脱原発を実現するために、われわれが有効な方策として考えているのは、多くの方式の再エネ発電を同時並行で実施し、なおかつその規模を非常に大きくするということである。本章第一節で自ずと話が及ぶことになったが、こうしたことを実現しようとすれば、局所集中的に大量発電する方式から別の方式に変更することが必要になる。行き着くところは、多くの場所で分散的に発電を行い、地域で生産された電力を地域で消費する方式である。

このような変更は、フィーンバークという科学哲学者が「技術デザイン」の変更と呼んでいるものである。「技術デザイン」とは、簡単に言えば、暮らしや社会の中で科学技術を活用するときにとられるイメージや考え方のことである。発電方式の変更も、「技術デザイン」の変更の一形態にほかならない。そして、どのような「技術デザイン」を採用するかを最も決定するのは国・政府である。どのような「技術デザイン」を採用するかという問題は、どのような構造の社会を築くかという大きな問題と連動しているからである。

ただ、その話に至る前にわれわれは、ここで地域発の発電の取り組みについて見ておくことにしたい。本章第一節で述べたように、再エネ発電は、電力事業が地域の自治体や住民と結びつくような態勢が成立するときに、最も理想的に発達する。この態勢は、多くの場所で分散的に発電を行い、地域で生産された電力を地域で消費するという「技術デザイン」を理想的に実現するものにほかならない。これまでにあった地域発の取り組みの代表例を次にあげることにしたい。

(1) 地域発の発電の取り組み

先にも触れたことであるが、電力事業はその性格上、地域の活動と結びつきやすいものである。電力を生産するのは特に難しいことではなく、ソーラーパネルを置くか、磁界の中でコイルを回すかすれば、誰にでもできる。それゆえ個々の家庭でも発電はすでにかなり行われている。ただ再エネ発電を十分に発達させるためには、地域ぐるみの取り組みが不可欠となる。大きな風車や水車を設置したり、波力発電用の装置を海上に浮かべるといった作業をしなければならないからである。

こうした動きはすでに生じている。福島の事故の以前から原発に反対する一般市民の運動はあって、この運動をベースとして地域で発電に取り組もうとする動きがあったのである。二つの事例を取り上げることにしたい。

「北海道グリーンファンド」の風力発電

北海道では、一般市民の出資だけで風車の建設にまで至ったケースがある。かねてより北海道電力泊原発の操業に反対してきた「北海道生活クラブ生協」が、一九九九年にNPO法人「北海道グリーンファンド」を立ち上げ、グリーン電力の普及に取り組んで行った。「生活クラブ生協」は、灯油の共同購入に取り組むなどして、会員の資金を集める仕組みを整えてあったため、この仕組みを利用してグリーン電力を共同で創設しようという話が持ち上がったのである。生協の会員の中でこの試みに賛同する人たちがお金を出し合ってプールし、この資金で浜頓別町に風車を建設するまでに至った（二〇〇一年）。地元の小学生によって「はまかぜちゃん」と名づけられたこの風車は、もっぱら地域住民の出資による二億円で建てられ、稼働後も採算がとれて、出資者に毎年配当金が支払われているという。(8)

長野県飯田市の「おひさま進歩」

長野県飯田市では、市民の共同出資による太陽光発電事業が実現し、いまも発展を続けている。二〇〇四年に設立されたNPO法人「南信州おひさま進歩」が中心的な役割を担って、市の所有する幼稚園や保育園、公民館等の屋根を借りてソーラーパネルが設置されていった。費用はすべて市民の小口の出資でまかなわれ、料金として得られた利益は出資者に配当金として返されるシステムがつくられた（この方式は「市民共同出資」と呼ばれる）。事業者と地域住民、行政職員らが顔の見えるコミュニケーションを行って協力体制をつくることができたことが成功要因だという。また「おひさま進歩」の社長と飯田市長がリーダー的な役割を果たしたことも大きかったという(9)。

ただ、こうした取り組みだけで再エネ発電を発達させようとすることは難しい。再エネ発電は単体での発電量が少ないため、とにかく始めさえすれば事業が成り立つというものではない。規模を大きく拡大しなければ、再エネ発電事業は存続しえない。そこで飯田市では、「おひさま0円システム」という名前の仕組みが作られ、太陽光発電の普及が計られている。地元の信用金庫が協力して、一般家庭でも頭金なしでソーラーパネルを設置できるようにした制度である。

飯田市で考え出されたこのシステムは今や全国的に注目され、再エネ発電を促進する社会的仕組みの模範型と見なされている。現在多くの自治体がこの「飯田モデル」に独自の工夫を加えて、再エネ発電の普及に取り組んでいるようである。「飯田モデル」は、再エネ発電を普及させてゆくために、地域のどのような取り組みがありえるかを実地に示した点で、画期的な意味をもっていると言えよう。

（2）戦後の日本における電力事業の歴史

脱原発に向けて地方発の「下から」の動きがあることは、たのもしいことである。今後、全国の多くの自治体が、飯田市と似たような取り組みを行ってゆくことが期待される。以前の福島県知事や鹿児島県知事のように、原発に強く反対する首長、原発の再稼働を阻止したいと考えている首長は多いはずである。こうした首長たちが指導力や行動力を発揮して「下から」の動きを促し、地方から再エネ発電事業を育ててゆくことが期待される。

ただ、こうした「下から」の動きが重要であるとはいえ、電力事業については、国・政府による「上から」の動きも大きく関わってくることは言うまでもない。今日電力を必要としない場所は社会の中にまずありえず、それを生産し配送することは、社会の根幹に関わる最も基礎的事業にほかならないからである。そして遺憾なことに、「上から」の動きには、再エネ発電の発達という点では障害になっているように感じられるものが多い。

日本で「上から」行われている電力事業がどのようなものであるかを知るために、近年あった出来事に着目することにしたい。それは、二〇一六年四月に実施された「電力自由化」のことである。これがどういうことを意味するかを検討するとき、日本において「上から」つくられた電力体制の特質が見えるようになる。

「電力自由化」とは、正確に言えば、電力の小売りの全面的な自由化である。日本ではすでに一般家庭でさえ屋根のソーラーパネルで発電をしており、多くの場所で様々な手段によって発電が行われる状況はある程度出来ていた。ただ発電は自由でも、電力の購入先を選べるのは、工場や公共施設など大口の需要者（消費者）に限られていた。この規定が変更されて、二〇一六年四月、すべての需要者が自由に小売業者を選べるようになったわけである。米の配達業者を選ぶのと似たような感覚で小売り業者を選んで電力を購入することになったと考えてよい。当然のことながら、われわれ消費者（需要者）はできる限り安価で電気を買い求め、事業者（供給者）はできる限り高い値段で売って利益を上げようとする。要するに市場原理が働くわけである。

もっとも、電力を米と同じように考えるのは、われわれには馴染みのないことであり、「電力自由化」と言われてもあまりピンとこない人は多いであろう。年齢の高い人ほど、「電力自由化」を理解し、それに馴染むのは難しいのではないかと思われる。電柱も電線も既存の大手電力会社が公共的に設置したものであり、それらは既存の大手電力会社の所有物であるようにも感じられよう。同様のことは、以前に主流だった固定電話の回線が電電公社によって設置されたものであるため、電電公社の所有物であったように感じられたのに似ている。だが、電話事業は現実に民営化され、民間企業が参入することもできた（そうこうしている間に、携帯電話が主流になり、民間企業が電話事業を行うのはまったく常識になった）。

したがって、電話事業の場合と同様に、電力事業にも民間企業が参入し、発電や送電、電力の小売りといったことを行うのは、むしろ自然なことにほかならない。新規の事業者が既存の大手電力会社に使用料を払って、既存の送電線を使用することが認められれば、容易に可能なことである。むしろこれまで自由化が行われなかったのが不自然だと見ることもできよう。これまでも述べてきたように、発電を行うことは基本的に誰にでもできることであり、したがって電力事業はむしろ誰に対しても開かれている活動だと言うことができるからである。

電力自由化にわれわれが違和感をもつということは、裏返せば、既存の大手電力会社がそれほどまでに電力事業を独占してきたことを意味する。このような独占体制がなぜ続いたのか、自由化という市場社会では当然のことが、電力事業に関してはどうしてこれほど遅れて実施されることになったのか、次に考えることにしたい。そうすることが、日本の電力事業がいかなる「技術デザイン」を採用するべきかを考えるために、非常に有効だからである。

日本では戦後、ＧＨＱの方針の下、九社の電力会社（後から設立された沖縄電力も加えると一〇社）が設立され、発電・送電・配電・小売りの事業をほとんど独占する体制が出来上がった。担当する地域の棲み分けもはっきりしていた上に、「電気事業連合会」という共有の組織をつくりながら、横並びで統一的に事業を行ってきた（この統合体は「電力一家」とも呼ばれる)。これらの大手電力会社は国営会社ではないが、電力事業を独占していたため競争を行う必要がなかったこと、その代わりに政府の様々な規制に服さなければならなかったことなどを考えると、実質的に国営企業や国策企業と変わらないと言える。

こうした電力体制のもっていた性格を見るために、敢えて卑近な事柄に関して述べることにしたい。私には長いあいだ気になっていたことがある。それは、日本の地上に見られる電柱や電線の多さである。至る箇所の道路に沿って数メートル間隔でどこまでも電柱が林立し、その間を電線が何本も渡って、場所によっては雑草のように絡まり合うような姿をさらしている。日本に生まれ育つとはじめから馴染んでしまうため、こうした風景や景観に違和感をもつことはない。だが、ヨーロッパ等の外国に一度でも行くと、地上に電柱や電線がほとんど見られないことに多くの人が驚き、日本の街の景観が非常に醜悪であることに気づく。電柱が立てられて電線が空中に張られているのは、少なくとも先進国の中では例外的なことであり、われわれが日ごろ目にしている町の景観は異常なものなのである。外国と日本との間にどうしてこのような違いがあるのか、私としても長いこと非常に不思議に思っていた。仄聞するところでは、外国の風景を直に経験したことのある人には、私と同様の感じ方をする人が多いようである。ただ他方で、些事にすぎないとして、こうしたことを問題にしない人も多いと思われる。

だが、こうした景観の異常さが電力の独占体制と関係がありそうだと分かれば、単なる些事として見過すことはできないのではないか。私は寡聞にして寡読であるため、日本でなぜこうも多くの電柱が地上に立てられて電線が露わになっているのか、長い間はっきりとした説明に接したことがなかった。私が接した限りで言えば、松原隆一郎の『失われた景観』(二〇〇二年)という著書は、この問題に正面から取り組んでいる。松原によれば、戦後の日本では、焼け野原からの復興を果たすために、電力を低コストで供給することが喫緊の課題となったため、手っとり早く電柱が立てられ、架空線で電気が引かれたのだという(10)。また同書では、ヨーロッパでは電気はガスと同じ扱いを受けていたため、はじめから地下を通す方式がとられたことも述べられている。これに対してアメリカでは、はじめ日本と同じように地上の電柱と電線によって電気が通されたが、感電事故が相次いだために地下を通す方式に変わったとのことである。現在のような電柱と電線の風景が日本で見られるようになったのには、偶然の原因も絡まっていたことになる。というのは、日本において架空方式で電線が引かれたときには、電線を被覆する技術が確立していたため、幸か不幸か、アメリカと同様の感電の問題は生じなかったからである。(11) 被覆技術が確立していなければ、日本でも電線は地下を通ることが常識になり、今日のような風景は生じなかったかもしれない。

また、ある環境保護団体が著した『どうして郵貯がいけないの』(一九九三年)という本には、別の事情も記されている。日本で独特の電柱・電線の風景が見られるようになった原因として、日本の大手電力会社が原発等の発電設備にばかり高額の投資をして、電線を通すのはもっぱら低コストのやり方をとったことが挙げられている。(12) これには、これまで大手電力会社がとってきた「総括原価方式」という予算の仕組みが関わっている。それについて少し述べておこう。

これは、電気事業法に基づいて、必要となる経費に単純に三パーセントの利益を上乗せした額を電気料金として設定できる制度である。通常の企業は、設備を拡大強化する場合でも、同時に経費節約等の努力をするであろう。だが既存の大手電力会社は、他社と競争する必要がなかったため、そうした経営努力をする必要がなく、金をかければかけるほど儲かるため、単純に金がかかることにばかり手っとり早く投資するやり方がとられてきた。原発がここまで増えたことには、こういう事情も関わっている。

既存の大手電力会社は、こうした大掛かりな方面に好きなだけ投資することができたため、電線の地下埋設のような作業は後回しになったまま来てしまったという。これは些細な問題にすぎないだろうか。話を見やすくするために敢えて極論を言うが、私は時々、われわれ日本人が自国を先進国だと思っているのは、何らかの謀略によって思い込まされているからではないかと邪推することがある。政府が何らか情報操作をして、国民を騙しているのではないかということである。もちろんこれは冗談であるが、時に日本に途上国を思わせるような遅れが見られることも確かである。かなり昔のことになるが、日本では下水道の整備がなかなか進まず、トイレの水洗化は他の先進国に比べて大きく遅れた。私も生まれてからずっと汲み取り式のトイレを使っていて、はじめから慣れているとまったく苦痛を感じなかった。いまとなっては信じられないことである。もし昔に戻れと言われても、とてもできないであろう。悪臭とハエの大量発生に悩まされるであろうし、そもそも最低限の衛生状態が保たれるかどうかも心配になる。電柱と電線が地上にむき出しになっていることも、同様の問題を感じさせるものである。ここには日本に残っている後発性が表われているように思えてならない。

電柱が立って電線が地上にむき出しになっている現象は、単に景観の問題として片付けられるものではない。日本では現在、下水道だけでなく上水道もガス管もすべて地下を通っている。電線だけが空中を通っていることは、決して当たり前のことではない。電線だけが地上に露出している現象には、大手電力会社の独占経営に起因する歪みが反映しているのである。

電線が空中を通っていることには、発電と送電の方式という電力事業の根幹的事象が関わっている。原発のような巨大な発電装置を備えるのに多くの投資が行われたため、日本では、局所的に大量発電してその電力を遠くまで送る方式が確立してしまった（東京で消費される電力のかなりの量が福島でつくられていた。そのため原発事故後、地元ではなく東京で計画停電を実施しなければならなかった）。莫大な予算をつぎ込んで原発を局所に建設することに力を入れたため、その電力を遠くまで運ぶのには、安価で手っとり早い手段がとられることになった。このようなやり方がとられた結果、今日どこにも見られる電柱と電線の風景が出来上がって行ったのである。だが局所で大量に発電し、電力を遠くにまで送り届ける方式は、第四章で超伝導に関して述べたように、失われる電力が多く、効率のよいやり方ではない。発送電の方式としては、何とも安直で無骨なものにほかならない。

大手電力会社がとってきた雑駁な経営手法も、電力が全国にくまなく普及するために、差し当たっては必要だったかもしれない。だが、それは永久に続くようなものではなかった。時代が進むにつれて、大手のメーカーや工場は自前の発電設備を持つようになり、自分が必要とする電力を自前で賄う態勢を整えていった（何度も触れてきたように、磁界の中でコイルを回転させれば、誰でも電気を起こすことができる。大手のメーカーや工場が自ら発電することはまったく簡単なことである）。こうした趨勢に応じて、一般に知る人は少ないが、電力自由化も少しずつ行われてきた。一九九五年には発電部門が自由化されて、自家発電された電力を電力会社に販売することが法的に認められた。二〇〇〇年には小売部門が部分的に自由化され、大工場など大口の需要者には、既存の大手電力会社以外の事業者も電力を売ることが可能となった。さらに二〇〇五年には、中規模の事業所や公共施設、学校などへの売電も自由となり、その結果、国内で流通する電力は、何とその六三パーセントに関して売買が自由化された。単に電力量という点だけ見れば、意外なことに、すでに大幅な自由化が実施されていたのである。

その後、全面自由化も検討されたようであるが、それはなかなか実現に至らなかった。既存の大手電力会社の抵抗があったことは容易に想像される。そして不思議なことに、右記のように自由化が進んできたにもかかわらず、この間大手電力会社がシェアを減らすことはなかった。新規に参入してきた事業者は売上を伸ばすことができず、多くが撤退せざるをえなかった。その理由は驚くべきもので、大手電力会社は顧客を手放さないために、大口の需要者に何と原価割れの安値で電力を販売し、新規事業者の参入を阻んだのである。そして、一般家庭を中心とする小口の需要者の電気料金を値上げすることによって、利益損失を補填するという手段に出た。既存の大手電力会社は、われわれ一般家庭に不当に高い電気を買わせることによって、既得権益を守ってきたのである。何ともえげつない話だと言えよう。既存の大手電力会社の壁がこれほどまで厚かったために、電力の実質的な自由化は阻まれたままになってしまった。

だがそうした中、二〇一一年三月一一日に東日本大震災が発生し、福島第一原発が巨大事故を起こしたことで様相が一変する。当然のことながら東京電力に対する世論の風当たりは非常に強まり、原発に重点をおく電力事業のあり方に対して批判も高まった。こうしたことが背景にあったと思われるが、民主党政権下の二〇一二年、資源エネルギー庁に「電力システム改革専門委員会」が設置され、翌年二月に報告書がまとめられた。そして、これに基づいて一三年四月に「電力システムに関する改革方針」が第二次安倍晋三内閣によって閣議決定された。これによって、発電事業と電力小売事業の全面自由化の方向が決定づけられ、この方向で電気事業法が改定された。この新電気事業法が二〇一六年四月に施行されて、電力小売りの全面的自由化がようやく実現した。

ここに至るまでに大手電力会社から大きな抵抗があったであろうこと、われわれが知らないところで熾烈な暗闘があったであろうことは、容易に想像される。福島第一原発事故という大事件があって、ようやく我が国の電力事業も健全化の緒についたと見ることができよう（このように言うと、福島原発事故の発生を喜んでいるように誤解されそうあるが、もちろん私は事故を喜んでいるわけではない。逆に、こうした大きな出来事がなければ事態が変らなかったことを嘆かわしく感じている）。

（3）日本政府の姿勢と電力態勢（13）の行方

戦後の日本で「上から」つくられた電力体制において、原発の推進に非常に利するような「技術デザイン」が採用されてきた次第は、先ほど見られたとおりである。このデザインは、局所で大量発電された電力を遠方まで届かせるというものであった。こうしたデザインを廃棄し、再エネ発電を多くの場所で分散して行い、電力を地産地消するというデザインに替えることをわれわれは提唱した。そのためには、「下から」の動きに加勢してそれを活発化することが重要である。「下から」の動きが活発となって、国・政府も「上から」技術デザインを変更せざるをえなくなることが、最も望ましい成り行きであろう。

ここでわれわれは、国・政府による「上から」の動きが、電力に関する技術デザインを変更するまでに至るか否か、可能な限りで考えてみたい。技術デザインを選択し、それを最も強力に浸透・定着させることができるのは、やはり国・政府にほかならないからである。われわれは次に、国・政府に技術デザインを変更する意思があるか、また電力態勢に関してどのような意向をもっているかといったことを、可能なかぎりで点検することにしたい。

二〇一一年三月一一日、東日本大震災に伴って福島第一原発事故が発生して以後、ドイツの政府などとは違って、日本の政府は、「原発廃止」ないしは「脱原発」の方向に向かうことを宣言したことはない。ただその一方で、再エネ電力の固定価格買取制度（ＦＩＴ）の導入や電力自由化の実施には、反原発の世論に抗しきれなかった面はあるにせよ、たしかに政府の働きも関わっていた。このように、政府の姿勢は単純にはとらえられないものである。

先述したように、われわれが望んでいる新しい電力態勢は、戦後に築かれた体制とは根本から異なる上に、出来上がるのに大変な時間と労力を要するものである。そのため、われわれにとって最も気になるのは、国・政府が「百年の計」的な長期的構想をもっているか、もっているとして新しい電力態勢に利するものなのかということである。政権が短期間で交替することが多い日本の政治のあり様に鑑みれば、予想するのは簡単ではないが、推測できる限りで考えてみることにしたい。

われわれが判断の材料としたいのは、安倍晋三首相が提唱する「アベノミクス」いう経済政策の内容である。電力に関する事項は、「第三の矢」と称される「成長戦略」の中に記されている。そこでは、電力販売の自由化を進め、再エネを成長させる施策をとることが表明されている。また、余った電力を蓄えるための蓄電池の開発・普及も目指すとされている。(14)「アベノミクス」が再エネの拡大・普及を促すものであることは、差し当たってわれわれを安心させるものである。再三述べてきたように、再エネ事業は、発電量と安定性を高めるために大幅な規模拡張を必要とする産業部門であり、そのためには「上から」の働きが最も強い力を与えるからである。

だがわれわれは別段、安倍首相の肩をもとうとする者ではない。「アベノミクス」という経済政策の中には、再エネ事業の発展とは相容れないような要素も見受けられる。一つには、安倍首相が原発廃止や脱原発の考えをもっていない点を挙げなければならない。自民党が野党だった時期、総裁であった安倍晋三は、民主党政権（野田佳彦首相）が、「二〇三〇年代に『原発0』を達成する」という目標を掲げようとしたのに対して「無責任だ」と批判し、「科学的なルールに基づいて判断してもらい、再稼働できるところは再稼働する」と発言している(15)。それどころか二〇一二年一二月、第二次政権の発足直後には「原発推進」の立場すら表明したことがある。そして「アベノミクス第三の矢」の中でも、原発は原発として継続してゆくことが表面されている(16)。

第二に、「アベノミクス」という経済政策には、その根本的な考え方や性格において、再エネの拡大・普及という路線に親和しにくい面があることを指摘しなければならない。「アベノミクス」とは、周知のように、経済成長がどこまでも続くことを可能にしようとする政策である。だが、経済活動をどこまでも活発化させようとすることは、大量生産・大量消費・大量廃棄という現代文明の傾向を助長することにつながろう。この傾向が強まれば、手っとり早く大量発電することがますます必要となり、原発に頼ろうとする姿勢も強まると考えられる。

話がそれてしまうが、今後の日本で経済成長は可能なのか、経済は本当に成長しなければならないのかといった問題について、ここで少し考えてみたい。巨視的に見た経済動向に関することに限って、私の考えを略述することにしたい。

一九九七—九八年ころに始まったデフレーションは、需要が頭打ちとなり、供給過剰が解消しない状態が出来上がったことを示していないだろうか。簡単に言えば、「もうモノは十分だ」、「これ以上モノを見せられても買おうと思わない」と考えるような風潮がかなり強まったと思われるのである。人間はたしかにモノの豊かさを求め、便利で快適な暮らしを追求する。だが、それは永久に続くものではない。食糧が不足することはなく、自動車、新幹線、飛行機などで遠距離をやすやすと移動でき、また真夏の暑さをクーラーでしのげるのが当たり前となり、携帯電話等でどこにいても通信がとれる今日、われわれがさらに欲しいと思うモノはあるだろうか。あるとしてもかなり少ないのではないか。私の記憶では、一九八〇年代半ばの日本で、「これからはモノの豊かさではなく、ココロの豊かさ〔が重要〕だ」という言い方が流行りかけたことがある。高速道路が発達し、クーラーが普及した時期と重なっていたようにも思う。モノの豊かさが上限近くに達しつつあることを、多くの人が実感していたことが表れていたように思われる。それにもかかわらず、需要が永久に増え続けるかのように錯覚した人々が争って先行投資に走ったのが、バブル経済だったのではないだろうか。だが実際には、もはや多くのモノは必要とされていなかったため、一九九〇年代初頭にバブルはあえなく弾けた。

こうした大きな流れに引き寄せて考えてみると、「アベノミクス」は経済の基礎的な動向に逆行するもので、時代錯誤したものであるように思われる。政府が上から人為的に操作を加えることで需要が簡単に増えることは考えられない。これからの経済政策は、これまでとはまったく違った考え方に基づくものでなければならないのではないか。それは一言で言えば、「成長しない経済」とでも呼ばれるべきものであろう。

ところが多くの政治家は、有権者の人気をとりたいがために「まずは景気の回復〔が課題〕だ」といった類の、実状に逆行する言葉を口にする。このため、モノに対する需要はどこまでも増え続け、産業はどこまでも成長するという思い込みが広く浸透してしまう。原子力発電はこうした思い込みによくマッチする発電方式だと言える。「まだまだ経済成長して産業の規模が拡大し、暮らしもさらに豊かになる」、「そのために電気はまだいくらでも必要になる」、「一挙に大量の電力を作り出すのが一番だ」、「そのためには、毎年一〇〇〇トン出る放射性核廃棄物を処理できないことは仕方がない」――。このような思いが、原発の継続を主張する人の意識の底にあるように思われる。

だが、こうした思い込みを見直す時期にわれわれは来ているように思われる。経済はたえず成長してゆくものだという考えは、決して自明なものではない。まして日本は、遠くない将来に超高齢化社会がまちがいなくやってくるという現実に直面している。社会構成員の年齢分布はこれまでとまったく違ったものになり、少数の若者が多数の高齢者を支えなければならなくなる。若い働き手が少ない社会では、経済成長はなおさら難しいであろう。経済活動の規模拡大に走るのではなく、医療や福祉の充実のほうに力を入れて、まったく新たな社会の仕組みを作らなければならないはずである。アベノミクスの「成長戦略（第三の矢）」の中には、医薬品や医療機器の開発、再生医療などの先端医療研究の推進、自動車の自動運転システムの発達による交通安全性の向上など、歓迎できる施策もたくさん盛り込まれている(17)。この点で、私はアベノミクスのすべてを否定したい者ではないが、根底にある価値観や考え方については見直しが必要であると考える。

第四節　「技術デザイン」としての電力態勢

経済成長が自明のこととして目指されるとき、そこに不可分に付随するものがある。それは、大量のモノをできる限り効率的に生産することや、何事によらず一度に大量のことを行えるのがよいと考えるような価値観である。いまさら言うまでもなく、産業革命以降、社会全体がモノの大量生産を目指し、ひたすら生産効率の向上を求める状況が生じた。そうして成立したのは、大量生産・大量消費・大量廃棄の体制であった。

だが、こうした価値観が本当に自明のものなのか、考える必要があろう。というのは今日、効率が追求されることによってかえって負担が増えるような逆説的状況が、ときに見られるように思われるからである。たとえば今日、パソコンを使って簡単に会議資料を作成し、大量にコピーして配布することができるが、かえって手間が何倍にも増えていないだろうか。その一方で、会議の場では資料の量が多すぎて理解が至りきらない上に、会議が終われば資料の束が丸ごとリサイクルボックスやシュレッダー機に直行することも多い。技術の進歩によってかえって仕事に手間がかかるだけでなく、廃棄物まで増えている。

電話や電子メールの発達は本当にわれわれの生活を便利にしているだろうか。たしかに簡単に連絡がとれて助かるからこそこれだけ発達したのであろうが、ふと振り返ると、電話やメールへの対応に追われて一日が終わっていることに気づくときもある。また今日、長距離移動が容易になっているために、時に簡単に会議に招集されて、短時間で東京等へ移動するように強いられることも多い。簡単に移動できるため、かえって仕事や負担が増えてしまうのである。現在の科学技術文明は、たしかにわれわれの生活を便利で快適なものにしているが、その一方でわれわれの負担を増大させる面もたしかにもっているのである。

本来目指されていたのと反対に、人間のほうが科学技術に隷属するような本末転倒した状況は、本当に変えようのないものなのか、そろそろ本気で考える時期にわれわれは来ているように思われる。効率がどこまでも追求されることや、大量生産・大量消費・大量廃棄がどこまでも進むことは自然な成り行きで、それに抵抗することは本当にできないのだろうか。文明社会の別のあり方を考えることは本当に不可能なのだろうか。

こうした問題について考えるために、次に科学哲学者が論じているところを参照することにしたい。次に見るのは、A・フィーンバーグの主張である。フィーンバーグは、われわれが自明のことと思っている効率性や合理性の追求が、実は自然で自動的なものではなく、科学技術のもつ権力性に起因していることを、驚くほど断定的に言い切っている。

近代社会において技術は権力である。多くの問題において、技術は政治システムそれ自身より大きな力をもっている。会社や軍の指導者、医者や技術者といった技術システムをつかさどる人々は、都市の発展様式、住居や交通システムのデザイン、技術革新に関する選択、被雇用者や患者、消費者としてのわれわれの経験に対して、選挙にもとづいた社会的諸機関の総計にはるかにまさる、大きな支配力をもっている。(18)

フィーンバーグによれば、今日の社会や産業のあり方が自然経過によるものであり、民意によって選びとられているように思えるのは、見かけのことにすぎない。(19)それは実は科学技術の運用を担っている人たちが選びとり、われわれの生活や活動の中に巧妙に沁み込ませた臆見なのである。私が自分の校務の内容を振り返っても、「本当に必要なのか」と思うような文書や資料を作成しなければならなかったり、「本当に意味があるのか」と感じるような業務（パワーポイントを用いたプレゼン等）をしなければならない機会は非常に多い。文書やスライド、映像等が効率よく作られるようになったため、かえって仕事が大掛かりになって負担が増えるという皮肉な現象が、年を追って増えてきているように感じる。どうしてこうなってしまうのか、元をたどると東京の中央省庁の意向に行き着くことが多い。かえって仕事が増えるような効率化は、われわれが望んだり自然の成り行きで進むようなものではなく、権力が意図的に進めているものにほかならない。作業を効率化させて膨大な量の書類や資料を積み重ねること、とにかく大量の情報をスクリーン上に映し出すことが、中央省庁が喜ばしく感じることなのである。

今日、科学技術の発達に伴って自然の成り行きで行われるようになったと思われているものはたくさんあるが、フィーンバーグによれば、その多くは実は政治権力の意向に基づいて構成されたものにほかならない。それらは自然に出来てきたようなものではなく、意図的に作られたものだというのである。こうした意図的な構成を名づけるためにフィーンバーグが採用した言葉が、われわれもすでに用いてきた「技術デザイン」というものにほかならい。[20]それは意図に基づくものであるから、変更することも可能である。適切でない「技術デザイン」が採用されていることが分かれば、われわれはそれを別のデザインに変えなければならない。

フィーンバーグによれば、近代以前の社会においては、道具や技術をどう利用するかに関して、多くの人々の意向を反映させるような一種の直接的民主主義が成り立っていたという。ギルドのような職業上の共同組織のことを考えればよい。同業者で構成される組織の機能は、今日では資本主義の管理体制にとって代わられてしまって、その本来の役割を果たすことが非常に少なくなった。それゆえ「懸念されることは、すべての人々に大きく関係する公共的な技術制度について民主化への圧力が存在しないことである」[21]とフィーンバーグは言う。

フィーンバーグは、公益事業、医療、都市計画といったことが、今後、政治権力や専門家の技術デザインから解放され、一般の人々のコントロール下に置かれることを望んでおり、それが実現された状態を「『ディープ』な民主主義」[22]と呼んでいる。「技術デザイン」は、その性格上、国・政府によって「上から」選び取られることが多いが、それは同時に民意を反映していなければならないということである。

こうしたことは、これからの日本に特に当てはまることのように思われる。超高齢化社会が確実にやってくるのに備えて、日本はこれまでの技術デザインを見直し、多くの高齢者に配慮して、医療や福祉を重視するような技術デザインを採用しなければならないはずである。高速道路やダムの建設のような公共事業に替えて、高齢者のための施設を整備し、高齢者にとって住みやすい都市を設計してゆかなければならない。そして、こうしたことを目指す技術デザインは、これまでのように生産効率を追求して経済成長を目指すのとは根本的に異なる性格のものとなるはずである。

電力の話に戻ろう。フィーンバーグの議論は、電力態勢の問題にまさに当てはまるものにほかならない。原発で集中的に大量発電し、地上に手っ取り早く張られた電線を通して電力を遠くまで送るという技術デザインが、戦後の日本では採用された。しかし、このような技術デザインは、もはや民意に合致しないものになっている。それは、効率を追求して権力が選びとった「デザイン」なのだ。われわれ一般市民は、国・政府がこれまでのデザインを見直し、われわれが望むようなデザインに変更するように、国・政府に働きかけることを試みなければならない。フィーンバーグが言うように、電力という身近な公益事業に関して「ディープな民主主義」を実現するべく働きかけなければならないのである。

電力態勢に関して、どのようにして民主主義的なデザイン変更が可能となるかは、これまで見られたところからすでにかなり明らかであろうが、整理をつけるために、あらためてまとめてみよう。

まず何より、市民の一人一人が自ら発電を行うことである。ソーラーパネルや風車を設置すれば、誰でも発電を行うことができる。誰もが発電者になることは、そのまま民主主義的な電力態勢を体現することにほかならない。考えてみれば、電力事業は民主主義の性格に最も合致する事業だと言うことすらできよう。

そして、自分の住んでいる付近で地域ぐるみの再エネ発電事業が起こされそうな場合には、それに積極的に参加してゆくことが重要である。何度も述べてきたように、電力に関してこれから望まれるような技術デザインは、再エネ発電を多くの場所で分散して行い、電力を地産地消するような形態のものである。このようなデザインを確立するためには、地域に密着した電力事業の発展に寄与するように努めなければならない。出資者となって、配当金が届くのを楽しみにしてもよいであろう。

また飯田市の場合のように、地方自治体が発電事業に取り組もうとする姿勢を見せている場合には、それに積極的に乗って行くべきである。それはまた、自治体の機能を強化し、地方分権の動きを促すことにもつながる。政治権力が地方に分散することも、民主化の重要な過程である。電力態勢の民主化は、単に電力に関してだけではなく、それ以外の事柄に関しても民主化を進めてゆくきっかけになるかもしれない。

そして、ここまで見られたところからすでに明らかなように、電力に関する新たな「技術デザイン」は、短時間で大量に発電しようとしたり、手っ取り早く電力を行きわたらせようとするようなものではなく、非常に長い時間をかけて、安全で堅実な態勢を作ろうとするものでなければならない。具体的には、再エネ発電をとにかく気長に、じわじわと発展させてゆくことである。再エネ発電は、単体ごとの発電量がとにかく少ないため、十分な電力量と供給安定性を確保するためには、現在の数十倍—一〇〇倍以上の規模にまで拡大されなければならない。屋根という屋根にソーラーパネルが置かれ、風車が遠目ながら至る場所で見かけられるような風景が出現するようでなければならない。そうなるまでには当然長い時間がかかり、大変に気の長い作業が必要になる。だがそれは同時に、進めれば進めるほど確実に成果が得られる作業でもある。これから採用されるべき「技術デザイン」は、この点に最大の特徴があると私は考える。性急さに走らず、じわじわと時間をかけて必要な事業を気長に少しずつ行うことが、新しい技術デザインのとる道である。それは、時間こそかなりかかるが、まちがいなく成果が得られる道、堅実で安全な態勢を着実に構築してゆく道である。

これから望まれる新しい技術デザインは、モノが豊かになるとか、暮らしが飛躍的に便利になるといったイメージのものではない。それは、非常に気の長い展望をもって、長い時間と大きな手間を必要としながらも、確実な成果を目指すものである。発電量を飛躍的に増やすが、同時に大きな災厄をも生み出す原発のような装置は、このようなデザインの対蹠《たいせき》にあるものにほかならない。それに替わって、大変に長い時間はかかるものの、堅実性と安全性を確実に追求してゆく道がとられなければならない。たとえば鉄道事業は、実際にこうした「技術デザイン」によって進められてきたと言えるであろう。非常に長い時間をかけて北陸新幹線が開通したことは記憶に新しい。電力事業においても鉄道事業と同様の技術デザインが採用されることが望まれる。こうした技術デザインが民間で常識になって、「下から」の動きを生じさせた後、それに合わせるようにして、国・政府による「上から」の動きが生まれることを期待したい。

本書では、もっぱら電力事業に関する「技術デザイン」の変更について論じたが、同様の変更が試みられるべき領域や分野は、ほかにも多々ある。洗剤や農薬等に含まれている人工の化学物質の脅威のことを考えれば、この方面でも技術デザインがぜひ変更されることが望まれる。衣類の汚れがきれいになることに価値を置くようなデザインは改められて、汚れが目立つ衣類は雑巾として再利用するようなデザインに替えられなければならない。また、虫食いの野菜を嫌うのではなく、見た目がきれいな野菜のほうを警戒するような常識が定着しないものであろうか。虫が食べないような野菜は農薬まみれであることのほうに、注意が向わなければならない。虫食いの部分や虫そのものを食べても、健康上の問題は何もないが、農薬に含まれている人工の化学物質は、人体に大きな悪影響をもたらす恐れがある。こうした方面でも、常識になっている技術デザインをあらためる必要がある。スーパーや八百屋で買い物をするときの価値観を、われわれは根本から別のものに替えなければならない。

また、ゴルフ場のように、土地が芝生にきれいに覆われている風景に憧れる人は多いようであるが、こうした風景が実現するにはどれだけの除草剤が散布されなければならないか、一度きちんと考える必要がある。途方もない量の除草剤が投入されなければ、ゴルフ場のような風景は維持できないはずである。撒かれた除草剤は、地下水に混入して周囲を広く汚染してゆく。こうした愚を避けるために、自然は本来雑然としたものであること、藪が鬱蒼と広がっている風景のほうが価値が高いことを、われわれはよく知らなければならない。このように価値観や見方を替えることも、広い意味で「技術デザイン」の変更と見られてよいであろう。

本来ならば本書でも、技術デザインの変更に関して多くの事例を取りあげるべきであろう。ただ、そうすると話がどこまでも広がり、紙幅をとりすぎてしまうため、本書では断念する。こうした事例に関して論じるのは、いずれ別の機会を待ちたいと思う。

本書では最後に、電力事業に関する技術デザインの変更について、もう一点だけ述べることにしたい。それは先にも述べた、電柱と電線が地上にむきだしになっている日本の街の風景に関することである。電線を地中に移してほしいという希望を、もう一度表明しておきたい。何年かかってもよいから、空中に張られている電線を何とか地下に埋設して、電柱と電線が見えない状態をつくって欲しいと思う。単に景観に関わることで、感覚的な事柄にすぎないようにも思えるため、正面から問題にする人は少ないように見受けられる。だが、日本で見られる電柱と電線の風景はあまりにも醜い。それに、それは旧い電力体制の歪んだ性格を象徴するものでもある以上、何とかして改善してもらいたい。

東京をはじめとする大都市の中心街では、電線の地中化が徐々に進んでいるようである。だがその一方で、法律がまだ整備されていないため、新たに宅地が造成されるような場合には、いまでも新たに電柱が立てられ、その間に電線が架けられている。そのため、日本ではいまでも電柱と電線が増え続けているのが実状である。新たな電柱と電線の設置を禁じる「無電柱化推進法案」は、本書執筆時にはまだ国会で審議されるまでに至っておらず、法律が成立するのはまだ先のことになると思われる(23)。

また、すでに地上に設置されている電柱を撤去して電線を地下に収めるためには、もちろん莫大な予算が必要となる。電力会社の側では、電力事業を合理化して費用を捻出するような工夫をして欲しいと思う。同時に国・政府には、こうしたことを公共事業として推進して行くことを提言したい。電線の地下埋設の事業は、莫大な量の雇用も生み出すはずである。

どこから見ても大変に長い時間を要する事業になるが、私としては、それがどこまでも気長に続けられることを希望する。繰り返すが、今後採用される技術デザインは短兵急なものであってはならない。それは、長い目で見れば間違いなく効果があることを、気長にじわじわと行うものでなければならない。遠い将来のことになろうが、電柱と電線からなる醜悪な風景が日本から一掃される日が来ることを期待したい。電力事業という、社会の根幹に位置して規模も非常に大きい事業に関して、日本で新たな技術デザインが成立したことを目の当たりにできることを望んでいる。

注

(1) 飯田哲也『エネルギー進化論――「第4の革命」が日本を変える――』(文春新書、二〇一一年)、一五―七頁、参照。本節の内容は、主として飯田の著書に基づくものである。
(2) 鶴田由紀『ストップ！風力発電――巨大風車が環境を破壊する――』(アットワークス、二〇〇九年)。
(3) 本巣芽美『風力発電の社会的受容』(ナカニシヤ出版、二〇一六年)。
(4) 同右、一八五頁。
(5) 同右、第5章、参照。
(6) 本段落の内容は主として、小宮山宏『低炭素社会』(幻冬舎新書、二〇一〇年)に記されているところに基づいている。
(7) 高橋洋『電力自由化――発送電分離から始まる日本の再生――』(日本経済新聞出版社、二〇一一年)、一七五頁。
(8) 飯田、前掲書、一九三―七頁。
(9) 同右、一九八―二〇五頁。また、諸富徹『「エネルギー自治」で地域再生！――飯田モデルに学ぶ――』(岩波ブックレット No.九二六、二〇一五年)、参照。
(10) 松原隆一郎『失われた景観――戦後日本が築いたもの――』(PHP新書、二〇〇二年)、一六六頁。
(11) 同右、一八七頁以下。
(12) グループKIKI『どうして郵貯がいけないの』(北斗出版、一九九三年)、一〇七頁、一一一―二頁。
(13) 本書では「体制」と「態勢」という二つの語を併用するが、これらは概ね次のように使い分けられる。「体制」という語は主として、戦後、上からの働きによって作られた電力事業のあり方を指しており、そのため、政治的意図に基づいて構築されたという意味あいを含んでいる。それに対して「態勢」は、主として、電力事業が市場原理等に従って自然経過的に形成されることによって出来てくる状態を意味している。

(14) 読売新聞経済部『図で読み解く「アベノミクス」のこれまで・これから』(中公新書ラクレ、二〇一三年)、八七頁。
(15) 同右、四八頁。
(16) 同右、八七頁。
(17) 同右。
(18) A・フィーンバーグ(直江清隆訳)『技術への問い』(岩波書店、二〇〇四年)、一九一頁。
(19) 同右、一九二頁。
(20) 同右、vi頁。
(21) 同右、二一六頁。
(22) 同右、二一七頁。
(23) 無電柱化の法制化に関する近年の状況については、次の本が詳しく述べている。小池百合子・松原隆一郎『無電柱革命——街の景観が一新し、安全性が高まる——』(PHP新書、二〇一五年)。

あとがき――結語も兼ねて――

本書が意図したことは、科学技術が著しく発達した今日、それをめぐってどのような問題が生じているか、またそれにどのように対処することができるかを考えることであった。われわれ素人は科学技術に関する専門的な知識をもつことはできない。そうした素人が科学技術に関する問題について考えるためにはどのようにしたらよいかを考えることが、本書の眼目であった。

これに対する本書の回答は、次のようなところに現れている。第一には、第一章で見られたヨナスの考えである。まだ存在していない将来世代の人間のことも考慮するような、新たな性格の倫理をヨナスは呈示した。本書二二頁以下に示したヨナスの指針は重要なもので、いずれも今日われわれがよく自覚しなければならないものである。第二は、第五―八章で見られた二つの方針である。すなわち、一つは「関連事象に関する知識」に基づいて考えることであり、もう一つは「技術デザイン」を適切なものに変更することである。後者の二つは、ヨナスが示した指針を実現するために必要となる、より具体的な方針として位置づけられるであろう。

だが、こうしたことに集約されるということであれば、読者諸賢の多くは「第二―四章は何のために書かれたのか」と訝られるであろう。科学技術の歴史に関する内容は書かれなくてもよかったのではないかと思われる方もおられるのではないかと思われる。この点については、本書の劈頭《へきとう》でも述べたように、本書が大学の講義の教科書として書かれたことを想い出されたい。科学技術の現在のあり方について論じようと考えたとき、それがどのような過程を経て出来あがってきたのかを辿るのがよいであろうと考えた。また、科学の歴史が非常にスリリングな出来事に充ちていることを紹介するような内容も書き記したいと思った。たとえば、アリストテレスのまとめた伝統的な自然学が、落体運動のような最も身近な現象を十分に説明することができなかったことや、ガリレオ・ガリレイがそれを説明しようとしたら、その結果、旧来のものとは根本的に異なる運動理論を構成するまでに至ったこと等を、この機会に学生のために書き記したいと考えた。こうした「パラダイム・シフト」「科学革命」と呼ばれている現象のことは、ぜひ学生に伝えるべきことだと思った。

このように本書は、授業で扱う内容を活字でも読めるようにしたいという思いで、学生に向けて書かれたものである。もっとも、一般の読者諸賢のことが念頭になかったということはもちろんない。一般の読者諸賢には、本書を通読することにこだわらずに、関心をもたれる箇所から自由に読み始められるようお願いしたい。歴史に関して述べている諸章（第二章―第四章）をすっかり読み飛ばして第五章から読み始めていただいても、大筋のところは理解できる内容になっていると思っている。

本書の内容はほとんど、はじめは論文として書かれたものである。それらの論文はすべて、私の勤務先に関わる書物や紀要に収められたものである。元になった論文を次に列記することにしたい。

- 「科学技術の時代の倫理」、広島修道大学人間環境学部（編）『人間環境学入門』（中央経済社、二〇〇一年）、所収（第六章）。
- 「電力自由化後の日本の電力態勢――展望と期待――」、『経済科学研究』第二〇巻、第一号（広島修道大学、二〇一六年）、所収。
- 「原発をやはり廃止しなければならない理由――フクシマ以後の日本の原発論議を検討して――」、『人間環境学研究』第一五巻（広島修道大学、二〇一七年）、所収。

・「科学技術をめぐる今日に固有の状況と問題性――科学史的観点からの考察」、『広島修大論集』第五八巻、第一号（広島修道大学、二〇一七年）、所収。
・「科学技術の外にあって科学技術を条件づけるもの――科学技術の問題について素人が考えるための手がかり」、『人間環境学研究』第一六巻（広島修道大学、二〇一八年）、所収。

これらの諸論文には重複する部分もかなり多い。このたび書物としてまとめるのに当たって、重複する部分を削除して整理をつけ、構成もかなり組み換えた。はじめは「単に組み換えて整理するだけだ」と高をくっていたが、実際に作業にかかると、ご多聞に漏れず、予想したよりもはるかに苦労した。書物としてまとめようとすると、論文を書くときとは違って、数章も前に述べていることの反復になっていないかといったことに、かなり注意しなければならない。この作業は精神的にかなり負担となるものであった。分量が多い原稿ほど何回も読み返さなければならないという逆説を味わわなければならなかった。精神的な疲弊は大きかった。

いまから振り返ると、本書に記されたような事柄に私がじっくり取り組むようになったのは、現在の勤務先の大学で教鞭をとるようになってからである。はじめて授業をしなければならない数日前に、どのような話から始めようかと頭をひねった結果、クーンのパラダイム論について話そうと考えたのがきっかけであった。哲学・倫理学の話をそのままましても、学生たちには抽象的にすぎ、また難解な印象ばかり与えるのではないかと思い、科学の話から始めようと考えたのである。いまの私にとっては懐かしい想い出である。

科学史や科学哲学の話は、すでに学生時代に野家啓一先生の授業等で聴く機会はあったが、科学史や科学哲学を専門的に研究しようと考えたことはなかった。このような書物を著すことになろうとは、当時は想像したこともなかった。それが一転、勤め先を得てからは、年々講義を充実したものにするために、バターフィールドや朝永振一郎、村上陽一郎氏といった方々の著作を精読するようになった。毎年の三月、校務が少なくなる時期になると、こうした方々の本を読む時間が多かったように記憶している。そうこうして二〇年以上もたった昨今、このようにして得た知識を論文にまとめることもできそうだと感じて、右記のような論文を執筆してゆくことになった。

数本論文を書きあげた後、それらを集めて整理し、必要な部分を書き足せば教科書に仕上げることができそうだと思うようになったのは、二〇一七年のことである。まだ迷いもあったが、数日考えた末、教科書にすることを決意した。勤務先である広島修道大学から出版助成を受ける手続きをして、課題を果たさなければならない状況に自分を追い込むことにした。そのために、以前にもお世話になった晃洋書房の井上芳郎さんに連絡をとり、急いで見積書をつくっていただいた。何とも急なお願いをしてしまって、いつもながら無礼な自分に呆れている。

書物を上梓することはやはり大変な労力がかかること、様々な人からのお世話を必要とすることを、この度あらためて経験した。晃洋書房では、先述のように井上さんにお世話になっただけでなく、校正の過程で石風呂春香さんに大変なご苦労をいただいた。ここで厚くお礼申し上げたい。またこれにとどまらず、先に挙げた諸先生方の授業や著作に接しなければ、本書を上梓することはありえなかった。これらの方々にも、この場を借りて感謝の意を表したい。また最後に、日ごろの活動を身近で支えてくれた妻千鶴に感謝したい。悪い癖で、いつも愚痴ばかりを聞かせているのではないかと恐れている。

なお先述のように本書は、二〇一八年度に広島修道大学から出版助成を得て、同大学のテキストシリーズの一つとして書かれた。事務手続き等でお世話になった大学の事務員の方々に、この場でお礼申し上げたい。

二〇一八年八月　広島にて

宮坂和男

《著者紹介》

宮 坂 和 男（みやさか　かずお）
　1962年　長野県生まれ
　1986年　東北大学文学部哲学科（哲学専攻）卒業
　1994年　東北大学大学院文学研究科（哲学専攻）博士課程修了（文学博士）
　現　在　広島修道大学人間環境学部教授

著　書

『生きること　死ぬこと　物語ること――終末期医療と倫理――』（晃洋書房，2015年）

『哲学と言語――フッサール現象学と現代の言語哲学――』（ナカニシヤ出版，2006年）

『生と死の現在』〔共著〕（ナカニシア出版，2002年）

『人間環境学入門――地球と共に生きること――』〔共著〕（中央経済者，2001年）

『歴史の現象学』〔共著〕（世界書院，1996年）

広島修道大学テキストシリーズ

科学技術の現況といま必要な倫理

2019年 2 月10日　初版第 1 刷発行　　＊定価はカバーに表示してあります

著者の了解により検印省略

著　者　宮　坂　和　男©
発行者　植　田　　　実
印刷者　江　戸　孝　典

発行所　株式会社　晃　洋　書　房
〒615-0026　京都市右京区西院北矢掛町 7 番地
電話　075(312)0788番(代)
振替口座　01040-6-32280

装丁　野田和浩　　印刷・製本　㈱エーシーティー

ISBN978-4-7710-3130-2